Le **temps** des **courges**

**Catalogage avant publication de
Bibliothèque et Archives Canada**

Saint-Amand, Manon

Le temps des courges :
100 recettes pour mieux les connaître et les cuisiner

  1. Cuisine (Courge). 1. Titre.

TX803.S67S24 2004   641.6'562   C2004-940959-X

Pour en savoir davantage sur nos publications,
visitez notre site : **www.edhomme.com**
Autres sites à visiter : www.edjour.com
www.edtypo.com • www.edvlb.com
www.edhexagone.com • www.edutilis.com

01-05

Dépôt légal : 3ᵉ trimestre 2004
Bibliothèque nationale du Québec

ISBN 2-7619-1938-6

DISTRIBUTEURS EXCLUSIFS :

• Pour le Canada et les États-Unis :
MESSAGERIES ADP*
955, rue Amherst
Montréal, Québec H2L 3K4
Tél. : (514) 523-1182
Télécopieur : (514) 939-0406
* Filiale de Sogides ltée

• Pour la France et les autres pays :
INTERFORUM
Immeuble Paryseine, 3, Allée de la Seine
94854 Ivry Cedex
Tél. : 01 49 59 11 89/91
Télécopieur : 01 49 59 11 96
Commandes : Tél. : 02 38 32 71 00
                Télécopieur : 02 38 32 71 28

• Pour la Suisse :
INTERFORUM SUISSE
Case postale 69 - 1701 Fribourg - Suisse
Tél. : (41-26) 460-80-60
Télécopieur : (41-26) 460-80-68
Internet : www.havas.ch
Email : office@havas.ch
DISTRIBUTION : OLF SA
Z.I. 3, C,orminbœuf
Case postale 1061
CH-1701 FRIBOURG
Commandes : Tél. : (41-26) 467-53-33
                Télécopieur : (41-26) 467-54-66
                Email : commande@ofl.ch

• Pour la Belgique et le Luxembourg :
INTERFORUM BENELUX
Boulevard de l'Europe 117
B-1301 Wavre
Tél. : (010) 42-03-20
Télécopieur : (010) 41-20-24
http://www.vups.be
Email : info@vups.be

Gouvernement du Québec – Programme de crédit d'impôt pour l'édition
de livres – Gestion SODEC – www.sodec.gouv.qc.ca

 Conseil des Arts   Canada Council
du Canada   for the Arts

Nous remercions le Conseil des Arts du Canada de l'aide accordée à notre
programme de publication.

L'Éditeur bénéficie du soutien de la Société de développement des entreprises
culturelles du Québec pour son programme d'édition.

Nous reconnaissons l'aide financière du gouvernement du Canada par
l'entremise du Programme d'aide au développement de l'industrie de
l'édition (PADIÉ) pour nos activités d'édition.

Le **temps** des **courges**

100 recettes pour mieux les connaître et les cuisiner

Manon Saint-Amand

LES ÉDITIONS DE L'HOMME

Introduction

Introduction

L'automne. L'air devient plus frais et les
couleurs changent. La terre expulse de
toutes ses forces ce qu'elle a si bien su
nourrir pendant les chauds mois d'été.
Je marche à travers les dédales du
marché public où sont empilés, ici des
asperges rangées comme des soldats, et
là de gros bouquets de chou-fleur aussi
beaux que leur blancheur immaculée. Je
m'enivre de ces odeurs de fruits et de
légumes et je m'empresse d'aller rega-
gner le comptoir où m'attend, comme
une bonne amie que je retrouve après
un long voyage, la nouvelle récolte des
courges. Je les regarde, je les effleure et
je m'attarde aux nouvelles arrivantes qui
feront l'objet de mes prochaines décou-
vertes. Je ne cesse de m'émerveiller de-
vant cette abondance dans laquelle nous
vivons année après année.

Je connaissais déjà les courges depuis longtemps, mais elles me laissaient perplexe. Que faire avec autant de chair ? Surtout quand l'opération se résume à ne nourrir qu'une seule bouche ? Je n'y suis revenue que plusieurs années plus tard, lorsque trois autres bouches s'ajoutèrent à la planification de mon menu. J'ai alors entrepris une aventure qui allait s'avérer très surprenante et j'ai découvert toute une panoplie de recettes que je pouvais réaliser avec les courges : du pain à l'arôme extraordinaire accompagné de sa confiture, un ragoût si joliment présenté, une crème glacée complètement divine et des dizaines d'autres plats attirants. Je me suis sentie inspirée par ces belles cucurbitacées aux couleurs et aux formes étranges. Dans cet ouvrage, je partage avec vous cette inspiration.

Les courges connaissent une popularité grandissante. Pleines de qualités comme le sont les légumineuses, desquelles je parle abondamment dans mon livre *Saveurs de légumineuses*, elles se conservent longtemps et savent nous en donner pour notre argent.

Dans ce livre, je me suis attardée principalement aux courges d'hiver. Lorsque la sorte de courge n'est pas spécifiée dans une recette, cela signifie que vous pouvez utiliser celle que vous désirez. Ce peut être une butternut, une kabocha, un giraumont ou un potiron par exemple.

Un légume ancien

9

Légume cultivé depuis plus de 8000 ans, on dit que la courge était utilisée dans la Rome antique. En 1970, dans la région d'Ayacucho, au Pérou, on a retrouvé des segments de courge datant de 11 000 à 13 000 ans avant notre ère. Certaines variétés sont originaires d'Amérique et ont été développées en Europe, d'autres viennent de l'Asie.

Au XVe siècle, les explorateurs européens arrivant en Nouvelle-France constatèrent que la base de l'agriculture des Amérindiens était constituée de ce que ceux-ci appelaient les trois sœurs : le haricot, le maïs et la citrouille. Ils utilisaient celle-ci, une fois évidée, pour recueillir l'eau, ou la sculptaient en masques. Ce sont les conquistadores qui ont introduit la citrouille en Europe.

Utilisation de la courge dans l'histoire

Au fil de l'histoire, les courges ont eu une multitude d'usages : elles ont été transformées en instruments de musique, en objets décoratifs, en ustensiles, en pipes, en masques, en hochets, en récipients et ont même servi à protéger l'organe mâle. Elles ont été gravées ou sculptées et ont servi de nichoir d'oiseaux. Les courges calebasses étaient attachées aux moulins à vent afin de réveiller le meunier si le vent tombait. En Chine, elles servaient de cage à grillons ou de tabatières.

Qu'est-ce qu'une courge ?

Comme les choux sont de la famille des crucifères et les haricots rouges de la famille des légumineuses, la courge fait partie de la grande famille des cucurbitacées. Les cucurbitacées sont des plantes à tiges rampantes dont le fruit se nomme pépon. Ces pépons sont eux-mêmes regroupés en différentes familles ou genres dont voici quelques membres :

La famille de certains melons (appelés *cucumis melo*) qui comporte le cantaloup, le melon miel, le melon casaba et le melon canari.

La famille des concombres (appelés *cucumis sativus*).

La famille des gourdes ou courges calebasses (appelées *lagenaria*), celle-là même qu'on utilise pour fabriquer les instruments de musique, les récipients, etc.

10

> ### Saviez-vous que...
> L'éponge loofah que l'on utilise pour faire sa toilette
> est en fait une courge séchée originaire d'Afrique et d'Asie.

Courge ou gourde ?
La gourde est une espèce de courge appelée calebasse. Elle vient du calebassier et pousse en Afrique tropicale.

La chayote (appelée *sechium*).

Les courges appelées *cucurbitas*.

Ces *cucurbitas* sont elles-mêmes divisées en trois principales variétés (mais il y en a d'autres) :

Les *cucurbitas pepo* incluent les courges poivrées, les courges spaghetti, la citrouille et le pâtisson (mais on dit que le pâtisson est en vérité une courgette…). La caractéristique qui permet de distinguer ces *cucurbitas* est que leurs graines sont plus grandes.

Les *cucurbitas maxima* incluent le potiron, le potimarron et la courge hubbard. Leurs graines sont de grosseur moyenne.

Les *cucurbitas moschata* incluent les courges musquées et leurs graines sont plus petites. Parmi chacune de ces variétés, on trouve des différences de couleurs, de grosseurs et de noms.

Une citrouille ou un potiron ?

On dit que le nom « citrouille », principalement utilisé dans les contes et légendes, est plus présent en Amérique. Le nom « potiron » est plus utilisé en Europe pour désigner la même courge. Or, on distingue la citrouille du potiron par leur pédoncule. Celui de la citrouille est dur, fibreux et la base de ses cinq côtés anguleux est concave. Le pédoncule du potiron est quant à lui plutôt tendre, spongieux et bombé à son point d'attache. Mais cela s'applique à la variété de potiron qui se nomme *cucurbita pépo*. Il existe maintes courges nommées potiron qui sont des *cucurbita maxima*. Elles sont nées en Amérique mais elles ont été développées en Europe, principalement en France. C'est pourquoi on dit qu'il s'agit de variétés françaises. En voici quelques exemples : le potiron blanc de corné, le blanc de mayet, le potiron jaune gros de Paris ou le galeux d'Eysine.

Pourquoi tant de noms ?

L'appellation des courges est un vrai casse-tête. La similitude entre les espèces n'aidant guère, elles sont souvent confondues. Et qui plus est, on attribue parfois trois ou quatre noms à une même courge. On classe aussi certaines variétés dans plus d'une catégorie. Les classements ont été faits au XIXe siècle et avec le temps et les cultures, le vocabulaire s'est élargi. Mais là ne s'arrête pas la confusion ! Les courges sont aussi classées en deux catégories : les courges d'été et les courges d'hiver.

Courge d'été et courge d'hiver

La courgette, la chayote, la courge à cou tors et le pâtisson sont des courges d'été. On les a nommés ainsi parce qu'ils sont cueillis jeunes. Leur peau est tendre et fragile et on peut habituellement consommer la peau et les graines, en plus de la chair qui est blanche et humide. Cependant, lorsque le pâtisson n'est pas cueilli jeune, soit de deux à sept jours après la floraison, sa peau durcit et elle devient non comestible. La courge à cou tors peut aussi être cueillie à maturité et conservée pendant plusieurs semaines. Elle devient alors comme une courge d'hiver.

On appelle courges d'hiver les autres courges ; elles sont généralement plus grosses, leur écorce est dure et non comestible et elles se conservent plus longtemps. La chair de celles-ci est plutôt orangée et on peut aussi en consommer les graines. Leur croissance requiert plus de temps que celle d'une courge d'été. Leur chair est plus fibreuse, dure et sèche, plus nourrissante aussi, et certainement plus sucrée. C'est pourquoi elles se prêtent aisément à la préparation de mets sucrés.

Quelques conseils pour la culture des courges

Si vous décidez de faire pousser des courges, sachez que vous aurez besoin d'énormément d'espace dans votre potager. Comme le plant est rampant, vous retrouverez vos courges bien loin de l'endroit où vous l'aurez planté. Il est donc primordial de bien identifier à la base la sorte de courge semée. Même si le plant comporte plusieurs pépons, il n'a pas besoin d'une grosse quantité d'eau. Mais il faut faire attention de bien arroser la base du plant et non les feuilles ou les courges elles-mêmes.

Il n'est pas nécessaire de faire des semis à l'intérieur pour obtenir des courges ; on peut tout simplement planter les graines directement dans la terre en ayant soin de bien les espacer. Les plants ne demandent pas beaucoup d'entretien. Bien que les courges puissent devenir très grosses rapidement et qu'on ait tendance à croire qu'elles sont prêtes à cueillir, il faut respecter les recommandations inscrites sur les enveloppes de graines pour ne pas les récolter trop tôt.

Comment sait-on qu'une courge est mûre ?

Quand on achète des courges au supermarché, il est probable qu'elles ont été cueillies avant leur pleine maturité. Hélas, on ne peut pas vraiment savoir si une courge est mûre ou non quand on l'achète. On peut se fier un peu à sa couleur. Une courge butternut aura une belle teinte beige. Une courge spaghetti devrait être jaunâtre ou orangée, selon la sorte. Mais même si elle n'est pas tout à fait à sa pleine maturité, on peut quand même utiliser la courge.

La conservation des courges

La plupart du temps, on peut conserver jusqu'au printemps les courges qui ont été cueillies à l'automne. Certaines variétés peuvent être récoltées plus hâtivement, par exemple la coutors, la moelleuse, la courge chinoise, le courgeron et le pâtisson. La peau peut alors être consommée si elle est tendre, mais la courge ne se conservera que quelques semaines.

Pour les conserver plus longtemps, il est recommandé de garder les courges dans un endroit frais, sec et idéalement obscur. Or, dans un petit appartement, je ne connais pas beaucoup d'endroits frais, sec et à l'abri de la lumière, sauf peut-être un placard ! Donc, pourquoi ne pas garder quelques courges dans un placard ? À condition qu'elles

13

aient suffisamment d'air et d'espace, ça ira. Pour ma part, je conserve les courges à plat, en évitant de les empiler les unes sur les autres parce que le contact des peaux peut provoquer des moisissures. Mais si j'en ai une bonne quantité, je les place dans un bac, et je fais alors une rotation et une tournée d'inspection régulière.

Pour optimiser leur conservation, il est impératif de choisir des courges dont le pédoncule est entier et ne présente aucune fissure. Idéalement, la peau ne doit pas comporter non plus de fissure majeure. La courge peut cicatriser ses petites « blessures » en épaississant sa peau et elle demeure quand même savoureuse. Une courge moins bien nantie, si on prévoit la manger dans un délai plus rapproché, ne pose pas de véritables problèmes puisque le plus important reste la belle chair orangée. Avec le temps, la peau d'une courge verte aura tendance à devenir orangée et sur certaines courges de petites rainures brunes apparaîtront. Ce ne sont pas des signes de moisissure, mais plutôt des traits de vieillissement. La chair est quand même bonne à consommer.

Les courges nous réservent bien des surprises : elles peuvent sembler parfaites, puis d'une semaine l'autre se mettre soudainement à moisir. Vu leur grosseur, on peut quand même les couper et utiliser les bonnes parties. J'ai vu des citrouilles de plus courte conservation qui sont restées bonnes jusqu'à la fin de janvier, et des courges dites de longue durée qui ont moisi avant décembre. Il faut donc éviter en toute situation la lumière directe, la chaleur, et les surfaces propices à l'humidité.

Si vous avez fait des provisions de citrouilles pendant la période de l'Halloween, vous pouvez les conserver et les consommer plus tard, à condition qu'elles n'aient pas été coupées ou fendues. Une citrouille qui a reçu une chandelle est bonne pour la poubelle, mais le fait d'avoir été maquillée au crayon-feutre n'est pas un obstacle pour la conservation.

Comment couper une courge ?

Même si une courge est plutôt petite, elle ne sera pas facile à couper pour autant. Il faut d'abord s'armer des bons outils (et de patience !) pour exécuter cette tâche. Rincez et essuyez la courge avant de la couper. Peu importe le couteau que vous utiliserez, il doit avoir une lame et un manche robustes. Croyez-moi, j'en ai déjà cassé deux en coupant des courges ! Si vous avez un couteau électrique qui dort depuis longtemps dans un tiroir de cuisine, il peut aussi être utile dans certains cas. Voici ce que j'utilise :

• Un long couteau à pain dont la lame a une largeur de 3,5 cm (1 ⅜ po). Si vous prenez un couteau à pain avec une lame plus étroite, celle-ci aura tendance à bouger ou même à se briser.

• Un couperet, souvent utilisé par les chefs japonais. La lame a presque 5 cm (2 po) de largeur.

• Un couteau à pomme de terre.

• Un marteau.

• Une cuillère à pamplemousse.

• Une cuillère parisienne (cuillère à boules).

Populaires, les courges ?
Chaque année, des foires sont organisées en France et en Belgique en l'honneur de certaines courges comme le potiron et le potimarron. Les Américains aiment bien les concours de courges et c'est bien connu, l'Halloween est la fête par excellence associée à la citrouille.

Voici comment procéder. En premier lieu, j'enfonce le couteau à pain sur le dessus de la courge tout près du pédoncule. J'utilise délicatement le marteau si nécessaire. Le couteau se trouve alors en diagonale, planté comme une lance, enfoncé aux trois quarts de la lame. Je descends le manche vers le bas, comme si je descendais un levier, parfois en donnant de petits coups de marteau sur la lame pour qu'elle descende, si l'exercice est trop dur pour mon bras.

15

La moitié de la courge se trouve alors coupée. J'enlève le couteau doucement, je tourne la courge par en dessous, je replante mon couteau à la fin de l'ouverture et je recommence le processus. Parfois, juste en donnant un petit coup avec le marteau après la première ouverture, la courge s'ouvre d'elle-même. Une fois qu'elle est ouverte, j'utilise habituellement un couteau de chef pour découper des tranches. Une fois la courge taillée en tranches, je prends mon couteau à pomme de terre pour enlever la peau de la courge ainsi que la partie fibreuse du milieu qui comprend les graines. Il est plus facile d'enlever la peau lorsqu'on a

Saviez-vous que...

On peut manger les fleurs des courges et des courgettes. Les Italiens les adorent en cuisine. Ils les enrobent d'un mélange de pâte et les font frire dans l'huile. On peut aussi farcir les fleurs de courge d'une mousse de poulet, par exemple, puis les faire cuire à la vapeur. D'un beau jaune, les fleurs se fanent très rapidement. Il est donc préférable de les utiliser dans les heures qui suivent leur récolte. Mangées en salade, elles peuvent aussi être ajoutées à une soupe ou en fin de cuisson d'un risotto.

une tranche étroite dans les mains. L'opération prend un peu de temps au début, mais on devient expert assez facilement et on prend de moins en moins de temps pour l'effectuer.

Une fois pelée, on peut couper la courge en tranches, en cubes ou la râper. Il est plus facile de la râper à l'aide d'un robot de cuisine qu'avec une râpe. La chair de la citrouille ressemble un peu à celle d'une courge spaghetti. On peut donc la râper crue, en grattant avec une cuillère à pamplemousse. J'utilise aussi cette cuillère ou une cuillère parisienne pour évider le centre des courges en général.

Comment faire cuire les courges ?

Il y a plusieurs façons de faire cuire les courges. Si j'ai une grosse quantité de citrouilles, par exemple, je les coupe en morceaux grossiers, sans les peler, puis je les mets dans une immense casserole avec au moins 1 litre (4 tasses) d'eau au fond. Je les cuis à couvert, en vérifiant à la fourchette jusqu'à ce que j'obtienne une texture de tendreté, et en vérifiant qu'il y a toujours de l'eau au fond. J'égoutte, je laisse refroidir, je sépare la chair de la peau, puis je réduis la chair en purée.

Parfois, je coupe des morceaux de courge dont j'ai retiré la peau et je les mets dans une casserole contenant un peu d'eau. Cuite à couvert de cette façon, la courge se gorgera d'eau et prendra moins de temps à cuire qu'au four. Ce mode de cuisson est utile lorsqu'on veut faire de la purée de courge.

Une autre façon souvent suggérée, qui prend un peu plus de temps, est la cuisson au four. On coupe la courge en deux, on l'évide ou non (je préfère l'évider), puis on la met, face coupée vers le bas, sur une plaque à pâtisserie ou dans un gros plat. Certains vous diront de mettre un peu d'eau. Je recouvre une plaque à pâtisserie avec un papier parchemin et je ne mets pas d'eau. De la vapeur se formera à l'intérieur de la courge et elle sera cuite au bout

Saviez-vous que...

Ce ne sont pas toutes les variétés de courges qui sont comestibles. Ainsi, les courges griffes du diable et les coloquintes, qui sont les plus connues, sont les petites courges difformes et boutonneuses qu'on utilise pour la décoration des paniers et des couronnes d'automne.

d'environ 30 min, selon la grosseur bien sûr. Si on veut la farcir, il faut éviter de trop la faire cuire, car si elle devient molle, elle se brisera. Il faut toujours surveiller la tendreté à la fourchette.

La courge spaghetti, si elle est de petite à moyenne et selon la grosseur de votre four, peut se cuire facilement au four à micro-ondes. On la coupe en deux en enlevant la partie fibreuse du centre et les graines, on la met à l'envers (face coupée vers le bas) dans un plat en verre avec un peu d'eau, puis on la cuit environ une quinzaine de minutes.

17

Que fait-on avec une courge ?

On peut congeler la purée de courge. On peut aussi congeler la courge, coupée en cubes ou râpée, qu'elle soit blanchie ou non. (Pour blanchir, il suffit de jeter les morceaux de courge pendant 1 minute dans l'eau bouillante, puis de rincer à l'eau froide.) On peut aussi faire des petites boules avec une cuillère parisienne, comme on le ferait pour un melon, et faire cuire la courge ainsi comme légume d'accompagnement.

Il est difficile de gaspiller une courge, même une fois ouverte, puisqu'elle se garde au minimum une semaine au frigo, bien emballée. En général, une courge est un légume très généreux : avec une seule courge même moyenne, on peut faire tout un repas de l'entrée au dessert ; avec une plus grosse, on peut même nourrir toute une famille pour une semaine !

Les graines de courge

Les graines de courge les plus répandues sont sans contredit les graines de citrouille. On en trouve des vertes et des blanches. Elles sont vertes lorsqu'elles sont décortiquées et blanches lorsqu'elles sont encore dans leur écale. Celle-ci peut être mangée, mais c'est une question de goût et de commodité ; certaines personnes n'aiment pas l'écale de la graine de courge entre leurs dents, bien qu'elle soit plus tendre que celle de la graine de tournesol.

Les graines de certaines courges servent à fabriquer une huile qu'on peut utiliser en cuisine. Elles servent aussi à la fabrication d'un beurre, tout comme les graines de sésame pour le tahini.

Il paraît que...

En Inde, on prétend que la pulpe des courges guérit les migraines. Aux Philippines, on dit que quelques gouttes de sève soulagent les oreilles infectées. Et les Indiens du sud-ouest des États-Unis utilisent de la purée de citrouille pour contrer l'effet des brûlures.

Valeur nutritive

Les graines de courge constituent un excellent choix comme collation. Moins grasses que les noix et contenant de bons gras, elles affichent un taux plus élevé de protéines que celles-ci. Riches en magnésium, en fer, en zinc et en phosphore, on leur attribue des propriétés médicinales diurétiques. On les dit bonnes pour la prostate et pour lutter contre les parasites intestinaux. Vous pourrez d'ailleurs les savourer dans la recette du pâté végétal ou encore grillées à la mexicaine ou à l'orientale.

Antioxydante, la chair de courge, qui est très orangée, contient une bonne quantité de bêta-carotène qui se transforme en vitamine A dans le corps. Sa concentration est même plus élevée que celle de la carotte. On accorde à ces caroténoïdes une action protectrice contre le cancer de la prostate. Riche en fibres, mais très pauvre en calories, elle contient des minéraux essentiels pour l'organisme et aussi de la vitamine C.

Quelques courges

Bien qu'il existe une variété imposante de courges, j'ai constaté qu'on ne trouve que de deux à six courges différentes dans nos supermarchés. Il faut plutôt faire les foires, les marchés publics ou encore les fermes spécialisées pour découvrir, une fois l'automne venu, des courges aux couleurs et aux formes moins populaires. Même si une recette requiert une courge que vous ne pouvez trouver, n'hésitez pas à en utiliser une autre. La plupart des courges sont interchangeables dans une recette ; même la citrouille ou le potiron peut remplacer les autres courges. Il y a quelques exceptions comme la courge spaghetti (à cause de ses filaments) et le pâtisson. La courge poivrée est meilleure pour farcir ou pour faire des tranches, mais elle est plus difficile à peler à cause de ses nervures. La courge sweet dumpling est souvent trop petite pour qu'on puisse la servir autrement que farcie ou cuite telle quelle. En général, les petites courges ont trop peu de chair pour qu'on les serve en purée.

Voici un aperçu des courges les plus courantes. Ce sont principalement des courges originaires d'Amérique ; autrement, je le spécifie.

Ambercup : autre nom : fleur ambrée. Cette courge est un croisement entre une courge buttercup (verte) et une courge hubbard dorée (orange). Sa couleur est orangée tout comme sa chair, mais elle peut aussi être verte. Elle se conserve plusieurs mois.

Baby boo : autres noms : mini-citrouille blanche ou petit potiron blanc. Miniature et jumelle de la jack be little, la baby boo est cependant toute blanche. Elle est jolie comme décoration, mais on peut l'utiliser en cuisine pour la farcir ou comme petit bol. Elle se garde jusqu'à un an.

Blue banana : autre nom : banane bleue, grey ou green banana. De couleur vert-de-gris, cette courge allongée mais droite rappelle un peu la forme d'une banane. Il y a aussi la pink jumbo banana qui a une peau rosâtre lorsqu'elle est cueillie à maturité. La chair de la première est d'un jaune foncé tandis que la seconde est d'un orange vif. Sa conservation est de plusieurs mois.

Buttercup : autres noms : fleur de beurre, buttercup burgess, buttercup bush. Appelée aussi giraumont parce qu'elle possède un miniturban du côté de son ombilic, on la confond parfois avec la courge delica. Sa peau est d'un vert foncé avec des rayures plus pâles, parfois orangée, et sa chair orange foncé. Telle un tambour, sa rondeur est plate et le dessus est légèrement enfoncé. Elle se conserve plusieurs mois.

Butternut : autres noms : doubbeure, noix de beurre ou musquée. Une des plus connues, elle est en forme de grosse poire ou de cloche allongée. De couleur beige à ocre, sa chair est jaune orange. Elle se prête à toutes les utilisations et sa conservation est très longue. Il existe d'autres variétés de cette courge dont waltham, ponca, hercules, suprême et ultra.

Citrouille : la plus connue et la plus grosse d'entre toutes, la citrouille n'est pas qu'un objet de décoration. Sa peau est d'un bel orangé tout comme sa chair, bien que parfois agrémentée de vert. On l'utilise dans toutes sortes de préparations. Ses différentes variétés rondes vont des plus petites (small sugar, baby bear, munchkin, pomme d'or), aux moyennes (ghost rider, little lantern, winter luxury), sans oublier les plus corpulentes et les ovales (Jack O'Lantern, tallman, candelaria et happy jack). Leur durée de conservation est en général de quelques mois.

Courge à la moelle : autres noms : marrow, moelleuse ou souki blanc des Indes. Sa peau jaune clair, parfois verte rayée de blanc, cache une chair plutôt blanchâtre. Ayant la forme d'une grosse courgette, elle s'utilise bien pour être farcie de viande et gratinée, mais ne se conserve que quelques semaines.

Courge chinoise : autres noms : fuzzy squash, fuzzy melon, melon d'hiver chinois ou courge benincasa. Aussi appelée courge à la cire lorsqu'elle est cueillie avant maturité ; sa peau est alors couverte de petits poils et d'une couche de cire naturelle. Cueillie à maturité, elle devient melon d'hiver. Originaire d'Asie tropicale, elle ressemble à un gros concombre par sa forme oblongue. Sa peau est d'un vert foncé sur le dessus et plus clair sur le dessous, tandis que sa chair est blanche. D'un goût sans éclat, elle est utilisée en cuisine asiatique, pelée, dans les soupes ou les sautés. Elle tend à prendre le goût des aliments avec lesquels elle est cuite. On la retrouve principalement dans les magasins d'aliments asiatiques et sa conservation est de plusieurs semaines.

Courgeron : autres noms : courge poivrée, acorn squash, pepper squash. En anglais, *acorn* signifie gland. On désigne cette courge ainsi parce que sa forme, dont la rondeur est plus ou

21

moins allongée, la fait ressembler à un gland de chêne. Parées de grosses nervures, certaines ont la peau vert foncé, d'autres jaune et orange ou les trois couleurs à la fois. Les variétés Swan white (cygne blanc) et Cream of the crop (crème de la récolte) ont une peau blanc crème qui jaunit avec le temps ; leur chair peut être de jaune pâle à orangée. Récolté jeune, le courgeron devra être consommé rapidement, tandis que cueilli à pleine maturité il se conservera jusqu'à huit mois. On retrouve entre autres les variétés automn queen, table ace, table king et reine de la table.

Cou tors ou coutors : autres noms : coutors d'été, torticolis, courge d'Italie ou crookneck. Ressemblant à un oiseau au long cou, cette courge à la peau orange est couverte de petites bosses ressemblant à des verrues ! Celles-ci sont plus abondantes lorsqu'elle atteint sa maturité. Récoltée jeune, la courge doit être consommée rapidement. À pleine maturité, elle peut se conserver plusieurs mois et séchera même parfois.

Delica : autres noms : kabocha, potiron chinois, ebisu ou hoka. Courge de forme plutôt ovale, on la confond avec la buttercup. D'un vert foncé à presque gris avec des petites rayures, elle n'est pas très grosse et sa chair est orangée. Elle se conserve plusieurs mois.

Delicata : autres noms : sweet potato, delicatessen ou peanut. Sa forme allongée la fait ressembler à une arachide. Sa peau affiche un mélange de crème et de jaune pâle strié de vert foncé. Sa chair est jaune. Devenant orange en vieillissant, elle est parfaite pour être farcie et se conserve plusieurs mois.

De Siam : autres noms : melon de Malabar, chilacayote. Ovale, cette courge possède une peau aux variations de vert qui ressemble beaucoup à celle d'un melon. Sa chair est blanche et filamenteuse, rappelant celle de la courge spaghetti. Elle se conserve plusieurs mois.

22

Giraumont : autres noms : courge turban, giraumont des Balkans, bonnet ou turban turc. Comme son nom l'indique, le giraumont ressemble à un turban. Spectaculaire dans sa forme, il l'est tout autant dans ses couleurs, des mélanges d'orange, de jaune, de vert et de blanc. Offert aussi en version miniature, il se conserve plusieurs mois.

Golden : autres noms : golden ou dorée délicieuse (la variété orange) et green ou verte délicieuse (la variété verte). Très riche en vitamine C, c'est la courge utilisée dans l'industrie alimentaire pour faire les petits pots de bébé. Elle ressemble énormément au potimarron et à la courge red kuri avec lesquelles elle est souvent confondue. Sa forme ressemble plutôt à un cœur tandis que celle des deux autres s'apparente à une figue. Sa peau est très orangée, tout comme sa chair, et même parfois presque rouge. La variété à peau verte possède les mêmes vertus et les deux se conservent jusqu'à six mois.

Hubbard : Il existe dans cette variété plusieurs couleurs : la hubbard dorée (orangée), la hubbard bleue (vert-de-gris à bleuté) et la hubbard verte améliorée. La peau de cette courge est couverte de petites bosses et crevasses qui lui donnent un aspect rugueux. Parfaite pour faire des frites, cette courge se conserve jusqu'à neuf mois.

Jack be little : autres noms : mini Jack be ou lilliput. Variété miniature et jumelle de la baby boo, cette courge orange peut se conserver jusqu'à un an.

Jack O'Lantern : autres noms : courge ou citrouille d'Halloween. Obtenue par un croisement entre deux variétés, elle a une peau lisse et une forme légèrement oblongue. Elle se conserve jusqu'à cinq mois.

Musquée de Provence : autre nom : muscade de Provence. De couleur verte mais devenant brunâtre avec la conservation, elle ressemble à une grosse citrouille aplatie aux larges côtes. Plus connue en Europe, elle offre une chair d'un bel orangé au goût fruité. Elle se conserve jusqu'à huit mois.

Pâtisson : autres noms : courge étoile, artichaut de Jérusalem, bonnet de prêtre, bonnet d'électeur, sunbirst, bush scallop. Il existe plusieurs variétés. Le pâtisson blanc a la peau et la chair blanches. Le pâtisson orange, avec sa chair et sa peau oranges, est orné d'une couronne vert foncé du côté ombilic. Quant au pâtisson panaché, dont la peau vert pâle est rayée de vert plus foncé, il possède une chair blanc crème. En forme de disque dont le contour dessine des festons, le pâtisson, s'il est cueilli très jeune, se consomme comme une courgette. Sa peau est alors comestible, mais la chair ne se garde que peu de temps. Lorsqu'on le récolte à maturité, sa peau est plus épaisse et non comestible, et sa durée de conservation sera d'environ quatre à cinq mois. Les pâtissons miniatures, appelés pattypan squash, sont eux aussi comme des courgettes et doivent être consommés immédiatement.

Potimarron : autre nom : potiron doux d'Hokkaido. Comme elle ressemble beaucoup à la dorée délicieuse ou à la red kuri, on pourrait croire que c'est sa jumelle. Sa forme rappelle celle d'une toupie ou d'une figue. Sa peau est tendre et d'un orange brique. Elle se conserve jusqu'à six mois.

24

Potiron : Le potiron orange est la variété française de la citrouille américaine. Il existe différentes sortes de courges auxquelles on donne cette même appellation mais qui n'ont pas nécessairement la même apparence ; le potiron bleu de Hongrie est aplati et sa peau est d'un bleu gris. Le potiron du Chili a une peau quelque part entre le bleu, le vert et le gris, et le potiron noir du Brésil est une courge vert foncé, plutôt aplatie sur le dessus. On peut les conserver plusieurs mois.

Red kuri : autre nom : courge d'Hokkaido. Sœur du potimarron, on la confond aussi avec la dorée délicieuse. C'est sa couleur, d'un orange plutôt rouge, qui permet de la distinguer. Elle se conserve jusqu'à six mois.

Spaghetti : autres noms : spaghetti végétal, spaghetti squash. De couleur jaune et de forme oblongue, cette courge a la particularité de voir sa chair transformée en filaments une fois cuite. Ces filaments rappellent les spaghetti qu'ils peuvent facilement remplacer. La courge orangetti est la variété à peau orange. La courge stripetti est un croisement entre une courge delicata, dont elle retient la couleur de la peau, et la courge spaghetti dont elle retient la chair. Sa conservation est assez longue.

Sweet dumpling : autres noms : doux boulot, courge patidou, courge patate, pâte d'amande ou edible pumpkin. Sa couleur est blanc crème avec des rayures vertes devenant orange avec le temps. Habituellement petite, sa forme ronde et côtelée se creuse du côté de son pédoncule. Elle se conserve jusqu'à six mois.

Sweet mama : autres noms : douce maman. Très proche parente de la courge kabocha. Elle a sensiblement la même couleur de peau, mais sa chair est plutôt jaune qu'orange. Elle se conserve jusqu'à huit mois.

Sweet meat : autres noms : oregon sweet meat ou chair tendre. D'un bleu-gris, cette courge a une peau lisse et une chair sucrée orangée. Elle se conserve jusqu'à huit mois.

Il ne s'agit là que d'un bref survol des courges. Il existe tellement de couleurs et de formes variées qu'il est pratiquement impossible de les connaître toutes !

25

Soupes
et salades

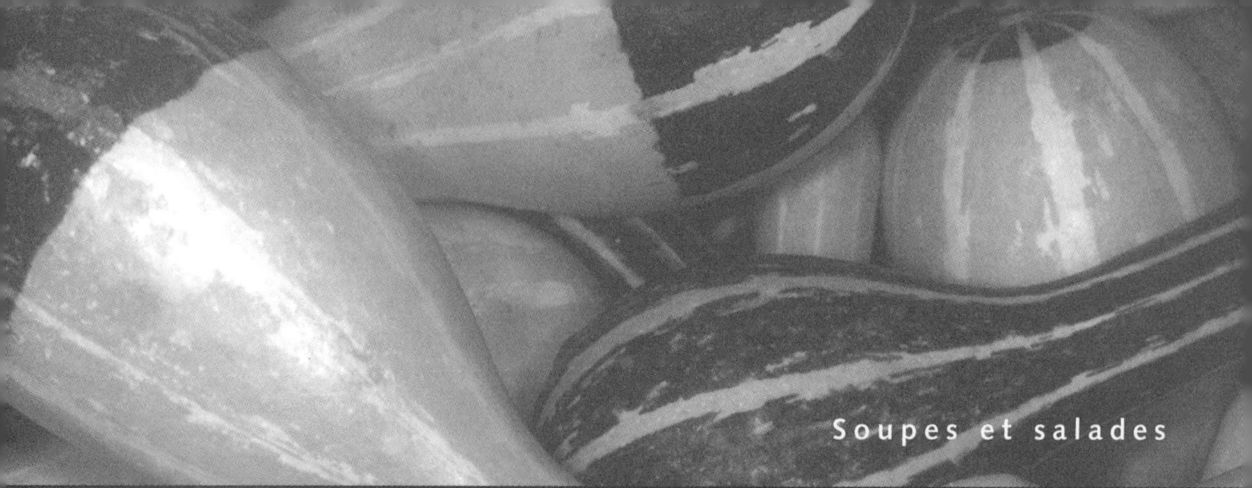

Soupes et salades

Soupe de base

La courge est un légume qui se prête merveilleusement bien à la préparation de soupes délicieuses. Voici quelques variantes : omettre le poireau et le remplacer par plus d'oignon, du céleri ou un bulbe de fenouil. On peut aussi utiliser des petits morceaux de lardon au lieu de l'huile pour faire revenir les légumes. Et pourquoi ne pas ajouter des pois chiches ou des haricots blancs ou rouges dans la soupe avant de la réduire en purée ? Cuisiner deux courges différentes ensemble : citrouille et butternut ou hubbard et buttercup, etc. Servir la soupe dans de petites citrouilles ou des petites courges poivrées.

4 À 6 PORTIONS

1 c. à soupe d'huile végétale
1 poireau, émincé
1 oignon, haché
2 gousses d'ail, émincées
1 courge d'environ 1 kg (8 tasses), en gros morceaux
2 pommes de terre, pelées et coupées en morceaux
1 litre (4 tasses) de bouillon de poulet
500 ml (2 tasses) de lait, de crème légère (10 %) ou de bouillon supplémentaire
Sel et poivre

- Chauffer l'huile dans une casserole. Ajouter les poireaux, les oignons et l'ail. Faire revenir 4 min en remuant. Ajouter les courges, les pommes de terre et le bouillon. Couvrir et cuire à feu moyen environ 30 min, jusqu'à ce que les courges soient tendres. Réduire en purée à l'aide du mélangeur. Ajouter le lait, le sel et le poivre.

29

Soupe aux courges et aux poires

6 PORTIONS

1 c. à soupe d'huile végétale
2 oignons, hachés
4 poires bien mûres, pelées et tranchées
800 g (6 tasses) de courge, coupée
  grossièrement
1 c. à café (1 c. à thé) de cari
1,25 litre (5 tasses) de bouillon de poulet
Sel et poivre
250 ml (1 tasse) de lait ou de crème
  (facultatif)
Persil frais haché ou persil séché

• Chauffer l'huile dans un grand faitout. Ajouter les oignons, les poires, les courges et le cari. Faire revenir 4 min. Ajouter le bouillon, assaisonner, couvrir et cuire à feu moyen environ 30 min, jusqu'à ce que les courges soient très tendres. Réduire la soupe en purée onctueuse à l'aide du mélangeur. Ajouter le lait et garnir de persil.

Soupe au cidre et au fromage

4 À 6 PORTIONS

1 c. à soupe d'huile végétale
1 gousse d'ail, hachée
1 oignon, émincé
2 branches de céleri, en morceaux
1 grosse carotte, pelée et coupée
  grossièrement
1 kg (environ 4 tasses) de courge
  au choix, en morceaux
250 ml (1 tasse) de cidre de pomme
750 ml (3 tasses) de bouillon de poulet
Une pincée de coriandre moulue
250 g (1 tasse) d'emmental ou de
  cheddar fort, râpé

• Chauffer l'huile dans une grande casserole. Ajouter tous les légumes et faire revenir 3 min en remuant. Ajouter le cidre, le bouillon et la coriandre. Couvrir et laisser mijoter à feu doux environ 30 min, jusqu'à ce que les légumes soient tendres. Réduire la soupe en purée onctueuse à l'aide du mélangeur. Ajouter le fromage et remuer pour le faire fondre.

Soupe repas à l'italienne

6 À 8 PORTIONS

1 c. à soupe d'huile végétale
3 gousses d'ail, hachées
1 gros oignon, émincé
2 grosses carottes, pelées et coupées
en rondelles
3 branches de céleri, en morceaux
100 g (1 tasse) de courgettes, en dés
100 g (1 tasse) de bouquets de brocoli
800 g (3 ½ tasses) de tomates en
conserve, en dés (dans leur jus)
540 ml (2 ⅓ tasses) de jus de tomate
en conserve

360 g (2 tasses) de haricots blancs
en conserve, rincés et égouttés
500 ml (2 tasses) de bouillon de poulet
400 g (2 tasses) de courge spaghetti,
cuite
1 c. à café (1 c. à thé) de basilic séché
1 c. à café (1 c. à thé) d'origan séché
1 c. à café (1 c. à thé) de cerfeuil séché
1 c. à soupe de persil séché
Sel et poivre
Une pincée de thym séché
Huile d'olive
Copeaux de parmesan

- Chauffer l'huile dans une casserole. Ajouter l'ail et les oignons et faire revenir 3 min. Ajouter le reste des ingrédients, sauf l'huile et le parmesan. Couvrir et laisser mijoter 30 min en remuant de temps à autre. Servir avec un filet d'huile d'olive et des copeaux de parmesan.

Salade de courge et de pomme

4 À 6 PORTIONS

SALADE
250 g (3 tasses) de courge hubbard
crue, râpée
2 branches de céleri, en petits morceaux
3 pommes, pelées et coupées en morceaux
1 oignon vert, émincé
2 c. à soupe de raisins secs
2 c. à soupe de persil frais
5 tranches de bacon, cuites et émiettées
½ c. à café (½ c. à thé) de graines de
  fenouil (facultatif)

VINAIGRETTE
3 c. à soupe de jus de pomme
2 c. à soupe de crème sure maigre
  ou de yogourt nature
1 c. à soupe de vinaigre de cidre
1 c. à soupe d'huile d'olive
1 c. à café (1 c. à thé) de mayonnaise
  légère

- Mettre tous les ingrédients qui composent la salade dans un grand bol. Préparer la vinaigrette et mélanger doucement avec la salade. Laisser reposer 20 min au réfrigérateur avant de servir.

Courge spaghetti à la vinaigrette

2 PORTIONS

La chair d'une petite courge spaghetti,
  cuite

VINAIGRETTE
60 ml (¼ tasse) d'huile d'olive
1 c. à soupe de vinaigre de cidre ou de
  vinaigre balsamique

1 gousse d'ail, émincée
½ c. à café (½ c. à thé) de moutarde
  de Dijon
Assaisonnements au choix : ciboulette, persil,
  origan, marjolaine, cerfeuil séché
Sel et poivre

- Préparer la vinaigrette et la mélanger avec les courges. Réfrigérer au moins 30 min avant de servir.

Salade de courge et de légumes grillés

La quantité de tranches de courge requise pour cette recette peut sembler énorme, mais elles perdront du volume en cours de cuisson à cause de leur minceur.

4 PORTIONS

2 poivrons rouges, coupés en quatre
2 poivrons jaunes, coupés en quatre
2 grosses courgettes, coupées en tranches
  sur la longueur
32 tranches de courge hubbard,
  butternut ou buttercup d'environ
  15 cm (6 po) de longueur, pelées
Huile d'olive
Sel

VINAIGRETTE

4 c. à soupe d'huile d'olive
2 c. à café (2 c. à thé) de vinaigre
  balsamique
3 gousses d'ail, émincées

- Mettre les légumes sur une plaque à pâtisserie couverte de papier parchemin. Arroser d'un filet d'huile d'olive et saler légèrement. Cuire au four à 220 °C (425 °F) de 15 à 20 min, jusqu'à ce qu'ils soient tendres sans être trop cuits. Sortir du four et laisser tiédir.

- Couper les poivrons et les courgettes refroidis en languettes. (On peut garder ou enlever la peau des poivrons qui aura noirci ; le goût de la salade ne sera pas altéré.)

- Déposer tous les ingrédients dans un bol et mélanger avec la vinaigrette. Laisser refroidir au réfrigérateur avant de servir.

33

Salade-salsa de courge et de mangue

4 À 6 PORTIONS

250 g (1 tasse) de citrouille ou de courge à chair orange, coupée en dés et blanchie 5 min
1 mangue, pelée et coupée en dés
5 tomates italiennes, en dés
½ poivron rouge, en petits morceaux
1 piment jalapeño, épépiné et émincé

50 g (½ tasse) de persil frais, haché
50 g (½ tasse) de coriandre fraîche, hachée
1 c. à soupe de basilic frais, haché
1 c. à café (1 c. à thé) de gingembre frais, pelé et émincé
2 c. à soupe de jus de citron vert
1 c. à soupe de jus d'orange
1 c. à soupe d'huile d'olive
Sel et poivre

• Mélanger tous les ingrédients dans un grand bol et laisser reposer au moins 1 h au réfrigérateur avant de servir.

Salade de courge spaghetti et de carotte à l'orange

4 PORTIONS

SALADE

1 grosse carotte, pelée et râpée

250 g (1 tasse) de chair de courge
  spaghetti, cuite

1 orange, pelée et coupée en morceaux

Le jus d'une orange

2 c. à soupe de raisins secs

1 c. à soupe d'amandes tranchées

VINAIGRETTE

3 c. à soupe de mayonnaise

Le jus d'une grosse orange

1 c. à café (1 c. à thé) de vinaigre
  de cidre

1 c. à café (1 c. à thé) de sucre

1 c. à café (1 c. à thé) d'huile végétale

Persil frais haché ou persil séché

Sel et poivre

- Dans un bol, mélanger les ingrédients qui composent la salade. Préparer la vinaigrette et mélanger avec la salade.

35

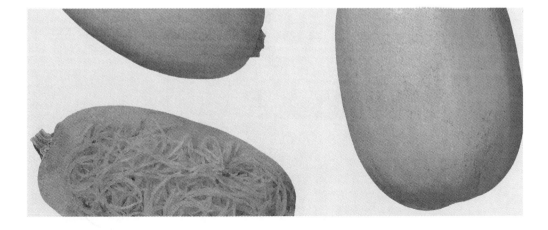

Repas légers
et entrées

Repas légers et entrées

Brochettes de tofu et de courge teriyaki

4 BROCHETTES

1 bloc de tofu de 225 g (7 ½ oz), coupé
en 16 cubes de même grosseur
16 cubes de courge de même grosseur
que le tofu

MARINADE
125 ml (½ tasse) de sauce soja
½ c. à café (½ c. à thé) d'ail granulé ou
en poudre
½ c. à café (½ c. à thé) de gingembre
frais, râpé
1 c. à soupe de vinaigre de riz
2 c. à soupe de concentré de jus d'orange
congelé
1 c. à café (1 c. à thé) de cassonade ou
de sucre roux
2 oignons verts, hachés
1 c. à soupe de graines de sésame noires
ou blanches
60 ml (¼ tasse) d'eau
4 portions de riz cuit

- Faire alterner 4 cubes de tofu et 4 cubes de courge sur chacune des 4 brochettes de bois. Dans un plat rectangulaire peu profond, mélanger tous les ingrédients de la marinade et y déposer les brochettes. Laisser mariner 8 h ou toute la nuit au réfrigérateur.

- Cuire les brochettes sur le barbecue ou sous le gril 20 min en les retournant à mi-cuisson. Badigeonner de marinade en cours de cuisson pour éviter qu'elles ne sèchent. Servir avec du riz.

39

Croquettes de saumon

8 CROQUETTES

180 g (¾ tasse) de purée de courge
(au choix)
250 g (8 oz) de saumon cuit, émietté
1 c. à café (1 c. à thé) de moutarde
de Dijon
2 c. à soupe de mayonnaise
1 œuf

100 g (1 tasse) de flocons d'avoine crus
1 c. à soupe de persil frais haché ou
de persil séché
¼ c. à café (¼ c. à thé) de paprika
¼ c. à café (¼ c. à thé) d'ail granulé ou en poudre
¼ c. à café (¼ c. à thé) de sel d'oignon
200 g (environ 1 tasse) de chapelure
de biscuits soda ou de craquelins

- Dans un bol, mélanger tous les ingrédients sauf la chapelure. Façonner en croquettes et enrober de chapelure. Déposer sur une plaque à pâtisserie huilée et cuire au four 15 min à 180 °C (350 °F).

Trempette au fromage

250 ML (1 TASSE)

60 g (¼ tasse) de purée de courge
hubbard, buttercup ou butternut
60 g (¼ tasse) de fromage à la crème
léger
50 g (¼ tasse) de haricots noirs, cuits
½ oignon vert, émincé
Le jus d'un demi-citron vert
2 c. à soupe de salsa épicée

- Mettre tous les ingrédients dans le robot de cuisine et mélanger jusqu'à l'obtention d'une purée lisse. Servir avec des crudités.

Croustilles de butternut

4 À 6 PORTIONS

I courge butternut, pelée et épépinée
Huile d'arachide

- À l'aide d'une mandoline ou d'un couteau bien affûté, couper la courge en fines tranches. Bien éponger les tranches avec un linge ou du papier absorbant. Chauffer l'huile dans un faitout ou dans une friteuse et déposer quelques morceaux de courge à la fois. Cuire quelques minutes, jusqu'à ce qu'ils soient bien dorés et aient la consistance de croustilles.

Croustilles de pain pita

4 PORTIONS

2 pains pita de 15 cm (6 po) de diamètre
Beurre ou huile d'olive
2 c. à café (2 c. à thé) d'ail granulé ou en
  poudre (facultatif)
Caviar de courge (p. 49) ou salade

- Ouvrir les pains pita en deux pour obtenir quatre cercles. Étendre du beurre ou de l'huile sur chacun et saupoudrer d'ail. Couper en morceaux et étendre sur une plaque à pâtisserie. Faire dorer quelques minutes au four. Surveiller la cuisson pour éviter qu'ils ne brûlent.

- Laisser tiédir et servir avec le Caviar de courge ou une salade.

Focaccias de courge aux olives

Originaire du nord de l'Italie, la focaccia est une pâte à pain
rectangulaire ou ovale qui s'apparente à la pizza, mais dont la garniture principale est
l'huile d'olive. Bien qu'elle soit meilleure dès sa sortie du four, on peut aussi la découper
en carrés que l'on tranchera en deux pour faire un sandwich au fromage grillé à la poêle.

2 GRANDES FOCACCIAS

150 g (½ tasse) de fromage à la crème,
   à température ambiante
450 g (2 ½ tasses) de chair de courge
   spaghetti, cuite et tiède
3 c. à soupe d'huile d'olive
10 olives noires, dénoyautées et tranchées
   en quatre
½ c. à café (½ c. à thé) de sel
2 c. à soupe de romarin
1 sachet de 8 g de levure à action rapide
640 g (4 tasses) + 320 g (2 tasses)
   de farine
250 ml (1 tasse) d'eau chaude
Huile d'olive
2 c. à soupe de parmesan, râpé
1 c. à café (1 c. à thé) d'ail granulé
   ou en poudre

- Mettre le fromage à la crème, les courges, l'huile, les olives, le sel et le romarin dans un bol et battre avec une cuillère de bois.

- Dans un autre bol, incorporer la levure aux 640 g (4 tasses) de farine. Verser délicatement la farine dans le premier mélange en remuant. Ajouter l'eau chaude et remuer. Verser la farine restante sur la surface de travail et faire un puits au milieu. Renverser la pâte dans le puits. En travaillant avec les mains, pétrir la pâte et incorporer la farine au fur et à mesure. Cette étape prendra environ 5 min. Déposer la boule de pâte dans un bol et couvrir avec un linge humide. Laisser la pâte lever dans un four éteint pendant 45 min.

- Donner un coup de poing dans la pâte et la séparer en deux. En travaillant une boule à la fois, étendre la pâte avec les doigts ou un rouleau sur une surface farinée pour obtenir une forme ovale. Faire des cavités sur toute la surface avec le bout des doigts. Déposer sur une plaque à pâtisserie couverte de papier parchemin et procéder de la même façon pour l'autre boule. Mélanger le parmesan et l'ail. Badigeonner les focaccias avec un peu d'huile et saupoudrer de parmesan à l'ail. Cuire au four 15 min à 200 °C (400 °F).

Frittata à la courge spaghetti à l'espagnole

La frittata est une omelette garnie de légumes. On ne doit pas la retourner dans la poêle et on la fait souvent gratiner au four. Si votre poêle est munie d'une poignée de bois, enveloppez celle-ci de papier d'aluminium pour l'empêcher de brûler.

6 À 8 PORTIONS

2 petites pommes de terre, pelées et coupées en petits dés (environ 200 g/ 1 tasse)

1 c. à soupe de beurre

1 c. à soupe d'huile végétale

½ poivron rouge, en dés

½ poivron vert, en dés

½ poivron jaune, en dés

1 oignon, haché

2 gousses d'ail, émincées

1 petite tomate, en dés

Sel et poivre

1 petite courge spaghetti, cuite (environ 400 g/2 tasses de chair)

7 gros œufs

60 ml (¼ tasse) de lait

1 c. à café (1 c. à thé) de ciboulette

1 c. à café (1 c. à thé) de persil séché

½ c. à café (½ c. à thé) de paprika

90 g (1 ¾ tasse) de cheddar ou de gruyère, râpé

- Faire blanchir les pommes de terre 3 min dans une casserole remplie d'eau bouillante. Rincer à l'eau froide, égoutter et réserver.

- Dans une poêle allant au four, chauffer le beurre et l'huile. Ajouter les pommes de terre, les poivrons, les oignons, l'ail, les tomates, le sel et le poivre. Cuire 8 min en remuant de temps à autre pour bien faire dorer les légumes.

- Pendant ce temps, dans un grand bol, mélanger les courges, les œufs, le lait, les fines herbes et le paprika. Battre à l'aide d'une cuillère de bois. S'assurer que les légumes couvrent toute la surface de la poêle, puis verser la préparation aux œufs sur le dessus. Couvrir (utiliser du papier d'aluminium si le poêlon n'a pas de couvercle), baisser un peu le feu et cuire environ 10 min, jusqu'à ce que la frittata soit bien prise. Retirer le couvercle et saupoudrer de fromage. Mettre au four 6 min à 180 °C (350 °F) pour faire fondre le fromage.

43

Gnocchis à la citrouille

Voici quelques suggestions de garnitures pour accompagner les gnocchis.
Beurre fondu, ail, zeste de citron, origan et persil. Sauce tomate, parmesan et basilic.
Saucisses italiennes cuites et émiettées, mozzarella et basilic. Sauce à spaghetti.

4 À 6 PORTIONS

240 g (1 tasse) de purée de citrouille
250 g (1 tasse) de ricotta
280 g (1 ¾ tasse) de farine
Sel et poivre

- Mélanger tous les ingrédients dans un grand bol. Remplir un faitout d'eau et amener à ébullition. À l'aide d'une cuillère, façonner des petites boules ovales et les laisser tomber dans l'eau bouillante, quelques-unes à la fois. Après 2 ou 3 min de cuisson, les gnocchis remonteront à la surface. Retirer à l'aide d'une écumoire et réserver. Poursuivre ainsi jusqu'à ce que tous les gnocchis soient cuits.

Lentilles à la courge butternut

6 PORTIONS

1 c. à soupe d'huile végétale
1 gros oignon, haché
2 gousses d'ail
1 petite courge butternut, pelée, évidée
  et coupée en dés
½ c. à café (½ c. à thé) de cumin moulu
½ c. à café (½ c. à thé) de cari
Sel et poivre
250 ml (1 tasse) de tomates en conserve,
  en dés
500 ml (2 tasses) de bouillon de poulet
1 botte de bettes à carde rouges ou vertes
  ou d'épinards frais, hachés
180 g (1 tasse) de lentilles cuites

- Chauffer l'huile dans une casserole. Faire revenir les oignons, l'ail, les courges, les épices, le sel et le poivre 3 min en remuant de temps à autre. Ajouter les tomates et le bouillon. Couvrir et laisser mijoter environ 15 min. Incorporer les bettes à carde et les lentilles. Couvrir et poursuivre la cuisson 10 min de plus.

44

Graines de courge grillées
à la mexicaine

Gardez les graines dans un pot de verre, à l'abri de l'humidité. On peut les pulvériser à l'aide du moulin à café ou du robot de cuisine et les utiliser dans les salades. On peut trouver des graines de courge de bonne qualité au supermarché.

100 g (1 tasse) de graines de courge
  ou de citrouille
1 c. à café (1 c. à thé) de sel
1 c. à soupe d'huile végétale
2 c. à café (2 c. à thé) d'assaisonnement
  pour tacos ou d'assaisonnement pour
  barbecue
1 c. à café (1 c. à thé) de sucre

- Récupérer les graines de la courge et les laver pour enlever les fibres. (À ce stade-ci, on peut les laisser sécher à l'air libre si l'on n'a pas le temps de les faire cuire immédiatement, puis les faire bouillir et griller ultérieurement.)

- Mettre les graines dans une casserole d'eau chaude et ajouter le sel. Laisser bouillir environ 10 min et égoutter.

- Dans un bol, mélanger le reste des ingrédients et enrober les graines avec ce mélange. Étendre sur une plaque à pâtisserie couverte d'un papier parchemin et cuire au four à 180 °C (350 °F) de 15 à 20 min, jusqu'à ce que les graines soient sèches. Elles seront plus foncées une fois cuites.

Graines de courge grillées à l'orientale

45

100 g (1 tasse) de graines de courge
1 c. à café (1 c. à thé) de sel
1 c. à soupe de sauce soja ou de tamari
½ c. à café (½ c. à thé) d'huile de sésame
  ou d'huile végétale
½ c. à café (½ c. à thé) de gingembre
  moulu
1 c. à café (1 c. à thé) de sucre

- Procéder comme pour la recette précédente.

Empanadas végétariens

Spécialité mexicaine, l'empanada est un petit chausson habituellement farci de viande. Voici une succulente recette qui se congèle facilement et qui est encore meilleure le lendemain. Pour gagner du temps, je vous suggère d'utiliser environ 300 g (1 ½ tasse) de lentilles cuites en conserve auxquelles vous ajouterez quelques gouttes de concentré de bouillon de bœuf.

ENVIRON 32 EMPANADAS
DE 10 CM (4 PO) DE DIAMÈTRE

PÂTE BRISÉE

720 g (4 ½ tasses) de farine
½ c. à café (½ c. à thé) de sel
150 g (⅔ tasse) de beurre, de margarine
   ou de graisse végétale
1 c. à café (1 c. à thé) de vinaigre
160 ml (⅔ tasse) d'eau très froide

GARNITURE

750 ml (3 tasses) de bouillon de bœuf
150 g (¾ tasse) de lentilles vertes ou
   brunes, non cuites
325 g (3 tasses) de citrouille, de potiron
   ou de courge au choix, râpé
2 petits oignons, hachés
½ poivron rouge, haché
1 branche de céleri, hachée
1 c. à soupe d'huile végétale
2 c. à soupe de pâte de tomate, diluée
   dans 175 ml (¾ tasse) d'eau
¼ c. à café (¼ c. à thé) de cannelle
   moulue
Sel et poivre au goût
1 jaune d'œuf battu avec 2 c. à soupe
   de lait

PÂTE BRISÉE

- Mettre la farine et le sel dans un bol. Ajouter le beurre en travaillant la pâte avec les mains ou avec le robot de cuisine pour obtenir une texture sablonneuse. Procéder en deux fois si le bol du robot de cuisine est trop petit pour contenir toute la quantité de farine. Ajouter le vinaigre et l'eau froide et mettre la boule de pâte dans un papier ciré (sulfurisé) au réfrigérateur pendant la préparation de la garniture.

GARNITURE

- Dans une casserole, porter le bouillon et les lentilles à ébullition. Baisser le feu et laisser mijoter environ 20 min. Égoutter s'il reste du liquide et réserver.

- Faire revenir la citrouille, les oignons, les poivrons et le céleri 5 min dans l'huile. Ajouter la pâte de tomate, la cannelle, le sel, le poivre et les lentilles. Bien mélanger, retirer du feu et laisser tiédir.

- Étendre la pâte sur une surface farinée et découper des cercles de 10 cm (4 po) à l'aide d'un emporte-pièce. Déposer 1 c. à soupe de la préparation sur chaque cercle et refermer. Mettre les chaussons sur une plaque à pâtisserie couverte de papier parchemin. Procéder ainsi jusqu'à complète utilisation de la pâte. Badigeonner les empanadas avec le jaune d'œuf et cuire 20 min à 190 °C (375 °F). Servir chauds ou froids.

46

Pâté végétal aux graines de citrouille

Voici une version revisitée du pâté végétarien classique que vous aimerez servir en entrée ou en sandwich. On peut se procurer des graines de citrouille décortiquées dans les marchés d'aliments naturels.

8 À 10 PORTIONS

165 g (1 tasse) de pois chiches, cuits

150 g (1 ⅓ tasse) de graines de tournesol, décortiquées et moulues

1 pomme de terre moyenne, pelée et râpée

½ branche de céleri, émincée finement

½ poivron rouge, émincé finement

1 petit oignon, émincé finement

1 carotte moyenne, pelée et râpée

60 ml (¼ tasse) d'huile végétale

Le jus d'un demi-citron

125 ml (½ tasse) d'eau

85 g (½ tasse) de farine de blé entier

¼ c. à café (¼ c. à thé) de marjolaine séchée

¼ c. à café (¼ c. à thé) de cerfeuil séché

1 c. à café (1 c. à thé) de persil séché

Sel et poivre

• Passer les pois chiches au robot de cuisine pour obtenir une texture sablonneuse. Transvider dans un grand bol et ajouter le reste des ingrédients. Remuer à l'aide d'une cuillère de bois et verser dans un plat carré huilé allant au four. Cuire à 180 °C (350 °F) environ 45 min. Laisser refroidir avant de découper en tranches.

47

Penne rigate à la courge gratinés

Les penne rigate peuvent être remplacés par des pâtes au choix.
Pour varier, on peut aussi ajouter des petits bouquets de chou-fleur et
du rutabaga coupé en petits dés.

4 À 6 PORTIONS

1 c. à soupe d'huile végétale
2 gousses d'ail, émincées
1 pincée de piment en flocons
1 oignon, haché
1 blanc de poireau, émincé
275 g (2 tasses) de courge au choix,
  en petits dés

¼ c. à café (¼ c. à thé) de muscade
  moulue
¼ c. à café (¼ c. à thé) de piment de
  la Jamaïque
375 ml (1 ½ tasse) de sauce béchamel
600 g (3 tasses) de penne rigate, cuits
150 g (2 ½ tasses) de cheddar, râpé
30 g (¼ tasse) de parmesan, râpé
1 c. à café (1 c. à thé) de persil séché

- Mettre l'huile, l'ail, le piment, les oignons, les poireaux, les courges, la muscade et le piment de la Jamaïque dans un faitout. Couvrir et faire revenir environ 10 min en remuant de temps à autre. Retirer du feu. Ajouter la béchamel et les pâtes. Verser dans un plat allant au four à micro-ondes. Parsemer de cheddar, de parmesan et de persil. Cuire 10 min au four à micro-ondes.

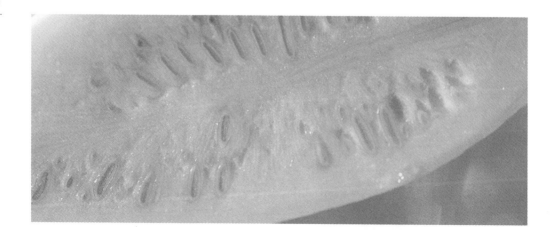

Quesadillas aux haricots rouges et au potimarron

6 QUESADILLAS

240 g (1 tasse) de purée de courge
   potimarron, buttercup, butternut ou
   citrouille

175 g (1 tasse) de haricots rouges cuits,
   écrasés au pilon

2 c. à soupe de crème sure légère

3 c. à soupe de salsa douce ou piquante

1 c. à soupe de coriandre fraîche ou de
   persil frais, haché

Le jus d'un citron vert

2 oignons verts, hachés

6 tortillas de farine de maïs de 15 cm
   (6 po) de diamètre

180 g (3 tasses) de cheddar, râpé

- Dans un bol, mélanger la purée de courge, les haricots, la crème sure, la salsa, la coriandre, le jus de citron vert et les oignons verts. Napper la moitié de chaque tortilla avec un peu de cette préparation. Garnir de fromage et plier en deux. Placer sur une plaque à pâtisserie et cuire au four environ 15 min à 200 °C (400 °F).

Caviar de courge

Voici une adaptation du légendaire babaghanouge préparé traditionnellement avec des aubergines.

375 ML (1 ½ TASSE)

60 g (¼ tasse) de purée de courge au
   choix

3 c. à soupe de beurre de sésame (tahini)

1 c. à café (1 c. à thé) d'huile d'olive

Le jus de 2 citrons

2 à 3 gousses d'ail

1 c. à café (1 c. à thé) de persil frais,
   haché

Croustilles de pain pita (p. 41)

- Mettre tous les ingrédients dans le robot de cuisine, sauf le persil. Réduire en une purée lisse. Ajouter le persil et servir avec les Croustilles de pain pita.

49

Quiche à la courge, aux oignons et au bacon

La quiche peut se congeler facilement et se conserver quelques jours au réfrigérateur.

6 PORTIONS

2 c. à soupe d'huile végétale
345 g (2 ½ tasses) de courge au choix,
  en petits dés
4 oignons, hachés
¼ c. à café (¼ c. à thé) de muscade moulue
1 c. à café (1 c. à thé) de vinaigre
  balsamique

80 g (½ tasse) de farine
2 œufs
125 ml (½ tasse) de crème fraîche
  épaisse (35 %)
250 ml (1 tasse) de lait
Sel et poivre
1 abaisse de pâte brisée, non cuite
3 tranches de bacon cru, en morceaux
  de 2,5 cm (1 po)

- Chauffer l'huile dans une poêle et faire revenir les courges, les oignons, la muscade et le vinaigre balsamique 5 min en remuant de temps à autre. Retirer du feu et réserver.

- Dans un bol, mélanger la farine, les œufs, la crème, le lait, le sel et le poivre. Déposer les légumes au fond de l'abaisse et couvrir avec la préparation aux œufs. Parsemer de morceaux de bacon et cuire au four 45 min à 180 °C (350 °F). Laisser tiédir avant de servir.

Raviolis à la citrouille délicieux

28 RAVIOLIS

FARCE

240 g (1 tasse) de purée de citrouille
50 g (1 tasse) de chapelure
30 g (¼ tasse) de parmesan, râpé
¼ c. à café (¼ c. à thé) de moutarde
  de Dijon
1 c. à café (1 c. à thé) de noix de
  Grenoble, hachées
1 œuf
1 paquet de 454 g (16 oz) de pâtes
  à raviolis chinois (won ton), décongelées

SAUCE

3 c. à soupe d'huile d'olive
3 gousses d'ail, hachées
30 g (¼ tasse) de noix de Grenoble,
  hachées
30 g (¼ tasse) de parmesan, râpé
4 feuilles de basilic frais

- Dans un bol, mélanger tous les ingrédients de la farce, sauf les pâtes. Prendre un carré de pâte et déposer 1 c. à café (1 c. à thé) de farce au centre. Mouiller le contour de la pâte avec un doigt et couvrir avec un autre carré de pâte. Souder en pressant tout autour. Déposer les raviolis sur un plateau. Procéder ainsi jusqu'à épuisement de la farce. (À ce stade-ci, les raviolis peuvent être congelés avant cuisson.) Cuire les raviolis de 2 à 3 min dans l'eau bouillante et réserver.

SAUCE

- Chauffer l'huile dans une grande poêle ou un poêlon et faire revenir l'ail et les noix. Retirer du feu et incorporer les raviolis et le basilic. Remuer délicatement et répartir les raviolis dans les assiettes de service. Arroser d'un filet d'huile d'olive, saupoudrer de parmesan et décorer de feuilles de basilic.

Terrine aux légumes et au fromage

Les tranches de légumes doivent être ni trop minces pour ne pas brûler, ni trop épaisses pour cuire de façon adéquate. La terrine se sert telle quelle avec des craquelins ou arrosée d'un filet d'huile d'olive et de vinaigre balsamique.

ENVIRON 6 PORTIONS

Environ 10 petites tranches de courge au choix

1 courgette moyenne non pelée, coupée en 5 tranches sur la longueur

4 tranches d'aubergine moyenne, non pelées

1 poivron rouge, coupé en deux et épépiné

1 poivron jaune, coupé en deux et épépiné

Huile d'olive

Sel et poivre

¼ c. à café (¼ c. à thé) de poudre d'ail

¼ c. à café (¼ c. à thé) de persil séché

250 g (8 oz) de fromage à la crème léger, à température ambiante

120 g (2 tasses) de cheddar, râpé

3 feuilles de basilic frais ou 1 c. à soupe de basilic séché

1 c. à café (1 c. à thé) de ciboulette séchée

- Étendre les légumes sur une seule couche sur une plaque à pâtisserie. Badigeonner d'huile et assaisonner avec le sel, le poivre, l'ail et le persil. Cuire au four de 10 à 13 min à 230 °C (450 °F). Surveiller la cuisson pour éviter que les légumes ne brûlent. Laisser tiédir.

- Dans le bol du robot de cuisine, mélanger les fromages, le basilic et la ciboulette. Tapisser un moule à pain de pellicule plastique en la laissant dépasser de chaque côté. Étendre les tranches d'aubergine au fond du moule en les faisant se chevaucher. Couvrir avec le tiers de la préparation au fromage en utilisant le dos d'une cuillère. Faire un autre rang avec les tranches de courge et couvrir avec le second tiers du fromage. Étendre un rang de courgettes et couvrir avec le restant du fromage. Terminer avec un rang de poivrons. Replier la pellicule plastique sur les poivrons et déposer un poids sur le dessus de la terrine. (Une boîte de conserve fera l'affaire.) Laisser refroidir 24 h au réfrigérateur. Pour démouler, ouvrir la pellicule plastique, mettre une assiette sur le dessus de la terrine et renverser. Retirer la pellicule plastique et découper en tranches.

Tourte végétarienne

1 TOURTE

1 c. à soupe d'huile végétale

2 gousses d'ail, hachées

1 poireau, haché finement

350 g (3 tasses) de citrouille crue ou
de courge au choix, râpée

60 ml (¼ tasse) de bouillon de poulet

1 paquet de bettes à carde, hachées et
blanchies 4 min à l'eau bouillante
ou d'épinards frais, hachés mais non
blanchis

1 gros œuf

60 g (1 tasse) de cheddar ou autre, râpé

30 g (¼ tasse) de parmesan, râpé

½ poivron rouge, en petits dés

Sel et poivre

Origan séché

Basilic séché

Une pincée de muscade

2 abaisses de pâte brisée

• Chauffer l'huile dans une casserole et faire reve-nir l'ail quelques minutes. Ajouter les poireaux et la citrouille et cuire 5 min. Verser le bouillon et cuire 5 min de plus en remuant fréquemment. Transvider dans un bol. Ajouter les bettes à carde et laisser tiédir pendant que l'on abaisse la pâte. Incorporer l'œuf, le fromage, les poivrons et les assaisonnements aux légumes et verser sur la pâte. Couvrir avec une autre abaisse et mouiller légèrement le dessus de la tourte avec du lait. Cuire au four 45 min à 180 °C (350 °F). Laisser tiédir avant de découper en tranches.

53

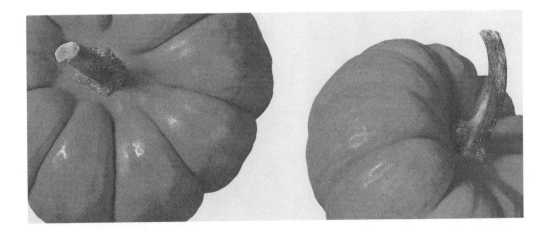

Plats principaux

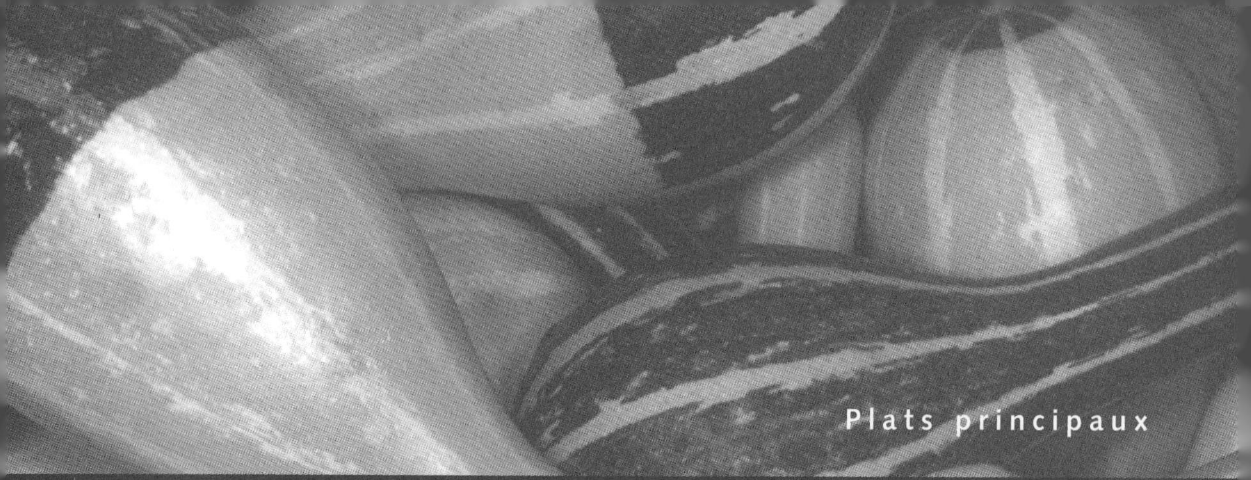
Plats principaux

Casserole de courge spaghetti

4 À 6 PORTIONS

1 c. à soupe d'huile végétale
3 gousses d'ail, hachées
1 oignon, en rondelles
1 poivron rouge, en bâtonnets
24 olives noires, dénoyautées et
  coupées en quatre

800 g (3 ½ tasses) de tomates en
  conserve, en dés
1 courge spaghetti moyenne, cuite
6 saucisses merguez ou italiennes,
  cuites et coupées en morceaux
Basilic séché
Sel et poivre
30 g (¼ tasse) de parmesan, râpé

• Chauffer l'huile dans une casserole et faire revenir l'ail, les oignons et les poivrons quelques minutes. Ajouter le reste des ingrédients (sauf le fromage) et laisser mijoter environ 10 min. Saupoudrer de parmesan avant de servir.

Casserole de légumes au poulet

*Ce plat qui regorge de légumes est idéal pour utiliser les restes de poulet
ou de dinde. Vous pouvez cependant omettre le poulet pour obtenir un plat
d'accompagnement ou remplacer le poulet par des morceaux de poisson ou de fruits de mer.*

6 À 8 PORTIONS

345 g (2 ½ tasses) de courge au choix,
   en petits dés
1 grosse carotte, pelée et coupée en dés
2 branches de céleri, en dés
1 c. à soupe d'huile végétale
1 petite courgette, non pelée et coupée en dés
2 petits oignons, hachés
6 champignons blancs, en tranches
½ poivron rouge, en dés
3 oignons verts, hachés
125 g (2 ½ tasses) de chapelure de
   craquelins au fromage
120 g (½ tasse) de beurre ou de
   margarine fondue

284 ml (10 oz) de crème de champignons
   en conserve
284 ml (10 oz) de lait
60 ml (¼ tasse) de mayonnaise légère
350 g (3 tasses) de dinde ou de poulet,
   cuit et coupé en petits morceaux
1 c. à café (1 c. à thé) de persil frais
   haché ou séché
1 c. à café (1 c. à thé) de ciboulette
¼ c. à café (¼ c. à thé) de paprika
¼ c. à café (¼ c. à thé) de marjolaine séchée
¼ c. à café (¼ c. à thé) de cerfeuil séché
Sel et poivre au goût
180 g (3 tasses) de cheddar, râpé
2 c. à soupe de parmesan, râpé

- Dans un faitout, porter de l'eau à ébullition. Faire bouillir les courges, les carottes et le céleri 2 min. Égoutter et rincer à l'eau froide. Réserver.

- Chauffer l'huile dans une poêle et faire revenir les courgettes, les oignons, les champignons, les poivrons et les oignons verts 5 min. Retirer du feu et réserver.

- Dans un bol, mélanger la chapelure et le beurre fondu. Étendre les trois quarts de cette chapelure dans un moule rectangulaire allant au four non graissé. Bien presser. Réserver.

- Dans un grand bol, battre au fouet la soupe, le lait et la mayonnaise. Incorporer tous les légumes et les morceaux de poulet. Assaisonner et verser sur la croûte de chapelure. Couvrir de cheddar et de parmesan et terminer avec le reste de chapelure. Cuire au four 30 min à 200 °C (400 °F).

Crêpes de courge aux fruits de mer

Vous pouvez congeler les restes de sauce pour utilisation ultérieure avec des poitrines de poulet grillées ou des pâtes. Et pourquoi ne pas ajouter d'autres légumes comme des courgettes et des brocolis à la sauce?

5 GRANDES CRÊPES

PÂTE

160 g (1 tasse) de farine

180 g (¾ tasse) de purée de courge potimarron, buttercup ou butternut

375 ml (1 ½ tasse) de lait de coco non sucré en conserve (utiliser 125 ml/ ½ tasse pour la pâte et garder le reste pour la sauce)

2 œufs

Le zeste d'un demi-citron

¼ c. à café (¼ c. à thé) de cari

125 ml (½ tasse) de lait

SAUCE

2 c. à soupe d'huile végétale

2 gousses d'ail, hachées

2 petits oignons, hachés

½ poivron rouge, en dés

125 ml (½ tasse) de vin blanc

240 g (1 tasse) de purée de courge au choix

Le reste du lait de coco en conserve

125 ml (½ tasse) de fumet de poisson ou de bouillon de poulet

2 c. à soupe de farine

Le jus d'un citron

Sel et poivre

15 gros pétoncles

240 g (8 oz) de crevettes, cuites

Coriandre fraîche, hachée

- À l'aide du batteur à main, mélanger les ingrédients de la pâte. Chauffer 1 c. à soupe d'huile dans une grande poêle et y verser 125 ml (½ tasse) du mélange de crêpe. Rajouter de l'huile au besoin pour chaque crêpe. À l'aide d'une spatule, étendre le mélange dans la poêle pour obtenir une crêpe de 20 cm (8 po) environ. Cuire 3 min de chaque côté. Déposer la crêpe dans une assiette couverte de papier absorbant. Répéter les mêmes étapes pour obtenir 4 autres crêpes. Empiler les crêpes dans l'assiette au fur et à mesure en prenant soin de les séparer avec une feuille de papier absorbant. Réserver.

SAUCE

- Chauffer l'huile dans une casserole. Ajouter l'ail, les oignons et les poivrons. Cuire 2 min en remuant. Verser le vin et laisser réduire 8 min. Dans un bol, mélanger la purée de courge, le lait de coco restant, le fumet de poisson, la farine, le jus de citron et les assaisonnements. Verser dans la casserole et remuer. Incorporer les pétoncles et les crevettes et laisser mijoter de 5 à 10 min pour épaissir la sauce et cuire les fruits de mer. Napper les crêpes avec la sauce et les rouler. Couvrir avec un peu de sauce, garnir de coriandre et servir.

59

Courge farcie au bœuf

*On peut varier la farce en substituant le bœuf par du veau, du dindon
ou du porc haché, ou un mélange de ces viandes. Si l'on n'a pas le temps de faire cuire le riz,
il peut être remplacé par la même quantité de flocons d'avoine crus.*

6 À 8 PORTIONS

2 c. à soupe d'huile végétale

1 c. à café (1 c. à thé) d'herbes salées
   ou un mélange de fines herbes au choix

2 oignons, hachés

480 g (1 lb) de bœuf haché

284 ml (10 oz) de crème de tomate en
   conserve

1 paquet d'épinards frais, hachés
   grossièrement

375 g (1 ½ tasse) de riz brun, cuit ou
   de flocons d'avoine crus

2 c. à soupe de parmesan, râpé

1 grosse courge moelleuse ou butternut,
   coupée en deux sur la longueur et
   égrenée

½ c. à café (½ c. à thé) de harissa
   (facultatif)

GARNITURE

150 g (2 ½ tasses) de cheddar ou
   de mozzarella, râpé

1 c. à soupe de parmesan, râpé

20 g (¼ tasse) de craquelins, écrasés
   (biscuits soda, biscottes ou craquelins
   de blé entier)

½ c. à café (½ c. à thé) de persil séché

½ c. à café (½ c. à thé) de basilic séché

½ c. à café (½ c. à thé) d'origan séché

Une pincée de paprika

- Chauffer l'huile dans une casserole. Faire revenir les oignons et les herbes salées 2 min. Ajouter le bœuf et cuire jusqu'à ce qu'il perde sa couleur rosée. Ajouter la crème de tomate, les épinards, le riz, le parmesan et la harissa. Poursuivre la cuisson de 3 à 4 min en remuant. Répartir la farce dans les demi-courges et placer celles-ci dans un plat allant au four dans lequel on aura versé 250 ml (1 tasse) d'eau. Réserver.

- Mélanger les ingrédients de la garniture et en parsemer les courges. Couvrir d'un papier d'aluminium et cuire au four 45 min à 200 °C (400 °F). Servir.

Cari de poulet au potiron à la thaï

*Vous pourriez rajouter dans ce cari du chou chinois, des petits bok choy
ou du brocoli. Le poulet peut être remplacé par des crevettes ou du tofu.
Si l'on ajoute des crevettes, il faudra le faire à la toute fin puisque leur cuisson est rapide.
Pour un cari moins épicé, diminuez ou omettez la quantité de harissa.*

4 PORTIONS

½ c. à café (½ c. à thé) de curcuma

½ c. à café (½ c. à thé) de coriandre moulue

½ c. à café (½ c. à thé) de gingembre
moulu

½ c. à café (½ c. à thé) de cumin

½ c. à café (½ c. à thé) de harissa

1 c. à soupe d'huile végétale

2 gousses d'ail, hachées

2 petits oignons, émincés

3 poitrines de poulet désossées, en
morceaux

750 g (6 tasses) de potiron, de
citrouille ou de courge, en dés

375 ml (1 ½ tasse) de lait de coco non
sucré

1 c. à soupe de concentré de bouillon
de poulet

60 ml (¼ tasse) de sauce de poisson
vietnamienne

1 c. à soupe de citronnelle congelée
(facultatif) (vendue dans les épiceries
asiatiques)

1 c. à soupe de jus de citron vert

4 portions de riz au jasmin cuit

Coriandre fraîche

Oignons verts, hachés

Jus de citron vert

- Dans un petit bol, mélanger les épices et la harissa
en ajoutant juste assez d'eau pour faire une pâte.
Réserver.

- Chauffer l'huile dans un faitout. Faire revenir l'ail
et les oignons quelques minutes. Ajouter le poulet et la pâte d'épices. Remuer et cuire de 5 à
6 min en remuant de temps à autre. Ajouter le
potiron, le lait de coco, le concentré de bouillon,
la sauce de poisson et la citronnelle. Couvrir et
laisser mijoter 20 min.

- Ajouter le jus de citron vert et remuer. Servir sur
un nid de riz au jasmin. Décorer de coriandre et
d'oignons verts et arroser avec un filet de jus de
citron vert.

61

Filet de porc en croûte de citrouille et de sauce aigre-douce

On peut remplacer la sauce aigre-douce par la Sauce à la citrouille et aux prunes (p. 96).

4 PORTIONS

FILET

25 g (¼ tasse) de graines de citrouille décortiquées, moulues

2 c. à soupe de graines de sésame noires ou ordinaires

Le zeste d'un citron

2 c. à soupe de persil frais

½ c. à café (½ c. à thé) de gingembre frais, râpé

1 filet de porc de 480 g (1 lb)

1 c. à soupe de beurre

1 c. à soupe d'huile végétale

SAUCE

2 gousses d'ail, émincées

1 c. à soupe de miel

1 c. à soupe de vinaigre balsamique

250 ml (1 tasse) de bouillon de poulet

1 c. à soupe de fécule de maïs, délayée dans un peu d'eau

175 ml (¾ tasse) de jus d'orange

4 portions de riz cuit

4 portions de Légumes d'hiver au miel (p. 80)

FILET

- Dans un bol, mélanger les graines, le zeste, le persil et le gingembre. Rouler le filet dans cette préparation en ayant soin de bien l'enduire sur toutes les faces. Jeter ce qui reste du mélange et réserver le filet.

- Chauffer le beurre et l'huile dans une poêle et faire dorer le filet de 3 à 4 min sur toutes les faces. Déposer la viande dans un plat allant au four et cuire à découvert 15 min à 190 °C (375 °F).

SAUCE

- Dans la poêle qui a servi à faire griller le filet, faire revenir l'ail 2 min. Ajouter le miel et le vinaigre pour déglacer, puis le reste des ingrédients. Remuer et cuire jusqu'à épaississement de la sauce.

- Découper le filet en tranches et napper avec la sauce. Servir avec un bol de riz et les Légumes d'hiver au miel.

Gâteau italien
aux deux spaghettis

Ce gâteau peut se servir accompagné d'une sauce tomate ou d'un filet d'huile d'olive.
On peut remplacer le jambon par du salami italien coupé en petits dés. Pour donner un peu
plus de couleur, utilisez des spaghettis aux épinards ou aux tomates.

6 À 8 PORTIONS

2 c. à soupe de beurre ou de margarine

2 c. à soupe de farine

375 ml (1 ½ tasse) de lait

¼ c. à café (¼ c. à thé) de muscade
  moulue

400 g (3 tasses) de spaghettis, cuits

700 g (3 ½ tasses) de chair de courge
  spaghetti, cuite

110 g (1 tasse) de jambon cuit, haché

3 gros œufs

100 g (1 tasse) de mozzarella, râpée

30 g (¼ tasse) de parmesan, râpé

50 g (1 tasse) de chapelure

GARNITURE

2 c. à soupe de parmesan

2 c. à soupe de chapelure

- Pour faire la béchamel, faire fondre le beurre avec la farine dans une poêle. Ajouter le lait en remuant constamment. Cuire quelques minutes à feu moyen en remuant jusqu'à épaississement. Retirer du feu, ajouter la muscade et laisser tiédir environ 10 min.

- Mettre les pâtes, les courges, le jambon, les œufs, les fromages et la chapelure dans un bol. Remuer, incorporer la sauce et bien mélanger. Verser la préparation dans un moule à fond amovible graissé. Mélanger les ingrédients de la garniture et en saupoudrer le dessus du gâteau. Cuire de 1 à 1 h 15 au four préchauffé à 180 °C (350 °F). Attendre environ 10 min avant de démouler et de découper en tranches.

63

Lasagne roulée
à la sauce marinara

15 PORTIONS

SAUCE

2 c. à soupe d'huile d'olive

2 oignons, hachés

3 gousses d'ail, hachées

2 carottes, pelées et coupées en rondelles

125 ml (½ tasse) de vin rouge

800 g (3 ½ tasses) de tomates en conserve,
  en dés

1 c. à café (1 c. à thé) de sucre

2 c. à soupe de pâte tomate

1 c. à café (1 c. à thé) de basilic séché

1 c. à café (1 c. à thé) d'origan séché

1 c. à café (1 c. à thé) d'assaisonnement
  à l'italienne

Sel et poivre

GARNITURE

1 c. à soupe d'huile d'olive

275 g (2 ½ tasses) de citrouille, de potiron
  ou de courge au choix, râpé

1 branche de céleri, hachée

1 oignon, haché

2 poivrons rouges rôtis conservés dans l'huile
  d'olive, égouttés et hachés

250 g (1 tasse) de fromage cottage
  ou de ricotta

1 œuf

¼ c. à café (¼ c. à thé) de marjolaine séchée

¼ c. à café (¼ c. à thé) de cerfeuil séché

Sel et poivre

15 lasagnes au blé entier ou aux épinards,
  cuites

60 g (1 tasse) de mozzarella, râpée

SAUCE

- Chauffer l'huile dans une casserole et faire revenir les oignons, l'ail et les carottes quelques minutes. Ajouter le vin et laisser réduire 2 min. Incorporer le reste des ingrédients, couvrir et laisser mijoter environ 15 min.

GARNITURE

- Chauffer l'huile dans une casserole et faire revenir la citrouille, le céleri et les oignons 5 min. Retirer du feu et déposer dans un bol. Ajouter les poivrons, le fromage, l'œuf et les assaisonnements. Bien mélanger. Mettre une lasagne sur une planche de travail et déposer une grosse cuillère à soupe de la garniture sur l'extrémité près de soi. Rouler délicatement la pâte jusqu'au bout en évitant de trop presser, puis déposer le rouleau de pâte farci dans un plat allant au four. Verser la sauce sur les rouleaux de lasagne et parsemer de mozzarella. Couvrir avec un papier d'aluminium et cuire au four environ 30 min à 190 °C (375 °F). Servir 2 rouleaux par personne. Les lasagnes se congèlent très facilement.

Variétés de courges

courge spaghetti

citrouille

courge butternut (musquée)

courge delica (kabocha)

courge hubbard

courge potiron

potimarron

pâtisson

courge delicata

courge à cou tors

courge giraumont (turban)

courgeron vert

courge à la moelle

courge sweet dumpling

courge baby boo

courge buttercup

Ragoût de poulet en citrouille

6 PORTIONS

I grosse citrouille
4 tranches de bacon, en petits morceaux
2 gousses d'ail, hachées
6 hauts de cuisses de poulet, désossés, sans peau et coupés en morceaux
3 branches de céleri, en dés
I courgette, émincée
I blanc de poireau, en tranches
½ poivron rouge, en petits dés
I gros oignon, haché
I grosse carotte, pelée et coupée en rondelles
4 petites patates, en dés
2 c. à soupe de beurre
40 g (¼ tasse) de farine
750 ml (3 tasses) de bouillon de poulet
125 ml (½ tasse) de lait
125 ml (½ tasse) de crème légère (10 %)
Sel et poivre
I c. à café (I c. à thé) d'un mélange de persil, de marjolaine, de cerfeuil et de paprika

- Décalotter la citrouille du côté du pédoncule pour obtenir un couvercle. Enlever la partie fibreuse et les graines. À l'aide d'une cuillère à pamplemousse, gratter l'intérieur pour retirer environ 200 g (I ½ tasse) de chair en filaments. Réserver.

- Dans un faitout, faire revenir le bacon et l'ail. Ajouter le poulet et cuire de 5 à 6 min, jusqu'à ce qu'il perde sa couleur rosée. Retirer et réserver.

- Dans une casserole remplie d'eau bouillante, faire blanchir les légumes 5 min et égoutter. Réserver.

- Faire fondre le beurre dans une casserole. Ajouter la farine, le bouillon, le lait et la crème. Remuer jusqu'à épaississement.

- Mélanger les légumes et la sauce. Ajouter le poulet et les assaisonnements. Verser le tout dans la citrouille que l'on aura préalablement déposée dans un plat allant au four. Remettre le couvercle de la citrouille en place et cuire au four pendant I h 30 à 180 °C (350 °F). Enlever le couvercle et cuire 20 min de plus. Servir la citrouille à table.

65

Poulet et légumes rôtis à la provençale

4 à 6 PORTIONS

MARINADE

Jus et zeste d'un citron

1 c. à soupe de moutarde de Dijon

1 c. à café (1 c. à thé) d'huile d'olive

1 c. à café (1 c. à thé) d'herbes de
Provence

2 gousses d'ail, hachées

Sel et poivre

8 pilons de poulet ou 4 à 6 cuisses de
poulet, sans la peau

POULET

2 c. à soupe d'huile végétale ou d'huile
d'olive

325 g (2 ½ tasses) de courge butternut,
pelée et coupée en dés

325 g (2 ½ tasses) de rutabaga ou de
navet, pelé et coupé en dés

2 carottes, pelées et coupées en rondelles

1 oignon, en rondelles

175 g (2 ½ tasses) de laitue chinoise
ou de chou vert, en gros morceaux

400 g (2 tasses) de pois chiches en
conserve, égouttés

250 ml (1 tasse) de bouillon de poulet

125 ml (½ tasse) de jus de pomme

MARINADE

- Dans un bol ou un contenant à fermeture hermétique, mélanger le jus, le zeste de citron, la moutarde, l'huile, les herbes, l'ail, le sel et le poivre. Déposer le poulet dans la marinade et laisser reposer au réfrigérateur environ 30 min.

CUISSON

- Chauffer l'huile dans une casserole et faire dorer les morceaux de poulet de 3 à 4 min de chaque côté. Procéder en deux fois si la casserole n'est pas suffisamment grande. Retirer les morceaux de poulet et réserver. Dans la même casserole et sans l'essuyer, faire dorer les légumes 5 min en remuant. Incorporer le bouillon et le jus de pomme. Remuer et transvider dans un gros plat allant au four. Déposer les morceaux de poulet sur le dessus. Cuire 1 h à découvert à 180 °C (350 °F).

Ragoût de boulettes
aux trois couleurs

6 PORTIONS

650 g (1 ½ lb) de porc haché
2 c. à soupe de sirop d'érable, de miel
  ou de mélasse
1 c. à café (1 c. à thé) de persil séché
1 c. à café (1 c. à thé) de marjolaine
  séchée
1 c. à café (1 c. à thé) de cerfeuil séché
¼ c. à café (¼ c. à thé) de clou de girofle
Sel et poivre

1 c. à soupe de moutarde de Dijon
2 c. à soupe de beurre
1 oignon, haché
3 c. à soupe de farine
1 litre (4 tasses) de bouillon de poulet
1 patate douce, pelée et coupée en dés
2 carottes, pelées et coupées en rondelles
3 pommes de terre, pelées et coupées en dés
400 g (2 ½ tasses) de potiron ou de courge
  au choix, en petits dés
100 g (1 tasse) de bouquets de chou-fleur

- Dans un bol, mélanger la viande, le sirop d'érable, les fines herbes, les épices et la moutarde. Façonner 24 boulettes avec le mélange et les déposer sur une plaque à pâtisserie couverte de papier parchemin ou d'aluminium et cuire au four 15 min à 180 °C (350 °F).

- Faire fondre le beurre dans une casserole et sauter les oignons 2 min. Saupoudrer de farine et remuer. Verser le bouillon, incorporer les légumes, couvrir et cuire 10 min. Sortir les boulettes du four et les ajouter aux légumes en remuant délicatement. Poursuivre la cuisson à feu doux environ 20 min.

Mijoté de veau à la courge spaghetti et aux arachides

6 PORTIONS

1 c. à soupe d'huile végétale

2 oignons, hachés

1 c. à café (1 c. à thé) d'ail granulé
   ou en poudre

720 g (1 ½ lb) de veau en cubes

750 ml (3 tasses) de bouillon de poulet

156 ml (⅔ tasse) de pâte de tomate en
   conserve

3 c. à soupe de beurre d'arachide

1 c. à café (1 c. à thé) de harissa ou de
   pâte de piment fort

La chair d'une courge spaghetti moyenne,
   cuite

6 portions de riz cuit

• Chauffer l'huile dans une casserole. Faire revenir les oignons et l'ail. Ajouter les cubes de veau et remuer pour les faire brunir sur toutes les faces. Incorporer le reste des ingrédients, couvrir et laisser mijoter 45 min à feu doux. Servir avec du riz.

Tajine de bœuf à la marocaine

6 PORTIONS

½ c. à café (½ c. à thé) de coriandre
   moulue

½ c. à café (½ c. à thé) de curcuma

½ c. à café (½ c. à thé) de poudre d'ail

½ c. à café (½ c. à thé) de harissa

Sel et poivre

1 palette de bœuf ou de veau (macreuse
   à braiser) d'environ 1 kg (2 lb)

3 tomates, en dés

500 g (4 tasses) de citrouille, en dés

2 oignons, hachés

500 ml (2 tasses) d'eau

540 ml (2 ⅓ tasses) de pois chiches en
   conserve, égouttés

6 portions de riz ou de couscous cuit

- Dans un bol, mélanger les épices et la harissa en ajoutant juste assez d'eau pour obtenir une pâte. Badigeonner les deux côtés de la viande avec ce mélange et la déposer dans une cocotte. Ajouter le reste des ingrédients, sauf les pois chiches. Couvrir et cuire au four 45 min à 160 °C (325 °F).

- Sortir le plat du four, défaire la viande en morceaux et retirer les os et le gras. Remettre la viande dans la cocotte avec les pois chiches. Mélanger et servir avec du riz ou du couscous.

69

Mets d'accompagnement

Mets d'accompagnement

Courge delicata farcie aux épinards

Servie chaude ou froide, la farce de courge peut aussi être utilisée comme trempette pour des crudités ou des croustilles. Pour une texture un peu plus épaisse, ajoutez un peu de chapelure ou des cubes de pain dans la préparation.

4 À 6 PORTIONS

1 courge delicata de 18 cm (7 po), coupée en deux et épépinée

125 g (½ tasse) de fromage à la crème léger, aux légumes ou nature

150 g (¾ tasse) d'épinards hachés, décongelés

1 oignon vert, haché

60 g (1 tasse) de cheddar, râpé

- Mettre la courge, face coupée vers le fond, dans un plat carré en verre. Ajouter un peu d'eau et cuire 15 min au four à micro-ondes. Laisser tiédir. Enlever la chair à l'aide d'une cuillère à pamplemousse en ayant soin de ne pas abîmer la peau. Mettre la chair dans un bol. Ajouter le fromage, les épinards et les oignons verts. Remuer à la fourchette et répartir cette préparation dans les demi-courges. Couvrir de fromage. Cuire dans le four à micro-ondes environ 3 min, jusqu'à ce que le fromage soit fondu. Couper chaque demi-courge en deux ou trois portions.

Courge delicata grillée

4 PORTIONS

1 courge delicata d'environ 480 g (1 lb), épépinée et coupée en 4 tranches sur la longueur

Huile d'olive

Sel

5 c. à soupe de chapelure

1 c. à café (1 c. à thé) d'ail granulé

1 c. à soupe de persil frais, haché

1 c. à café (1 c. à thé) de ciboulette

Le jus d'un demi-citron

3 c. à soupe de beurre fondu

- Mettre la courge dans un plat allant au four, badigeonner d'huile et saler. Cuire environ 20 min à 220 °C (425 °F).

- Dans un bol, mélanger le reste des ingrédients. Répartir la préparation sur les tranches de courge et poursuivre la cuisson 5 min de plus avant de servir.

Courge et artichauts
à l'huile d'olive

Pour obtenir un repas complet, ajoutez des pois chiches ou des morceaux de poulet cuit en fin de cuisson des légumes. Si la peau de la courge turban s'avère trop dure à enlever, blanchissez-la coupée en deux, en tranches ou en morceaux 5 min à l'eau bouillante. Rincez-la à l'eau très froide, enlevez la peau puis tranchez la chair en gros dés. Si l'on utilise des fonds d'artichauts cuits en conserve, les cuire en même temps que la courge pendant 20 à 25 min plutôt que 40 min. Si l'on utilise des fonds d'artichauts frais parés, la cuisson sera d'environ 1 h. Il faudra ajouter les morceaux de courge seulement 20 min avant la fin de la cuisson.

ENVIRON 6 PORTIONS

1 paquet de 400 g (13 oz) de fonds
  d'artichauts, décongelés
6 gousses d'ail, hachées grossièrement
60 ml (¼ tasse) d'huile d'olive
800 g (3 ½ tasses) de tomates
  en conserve, en dés
15 olives noires, dénoyautées et coupées
  en quatre

2 c. à soupe de câpres
¼ c. à café (¼ c. à thé) de basilic séché
¼ c. à café (¼ c. à thé) d'origan séché
¼ c. à café (¼ c. à thé) de cerfeuil séché
¼ c. à café (¼ c. à thé) de marjolaine séchée
Sel et poivre
1 courge turban ou autre, en gros morceaux
  (environ 500 g/4 tasses)

- Mettre tous les ingrédients, sauf les courges, dans un faitout. Couvrir et porter à ébullition. Baisser le feu et laisser mijoter 15 min.

- Ajouter les courges et poursuivre la cuisson environ 20 min, jusqu'à ce que les légumes soient tendres. Servir ce plat chaud ou froid.

Courge rissolée à l'oignon

Cette recette classique se fait habituellement avec des pommes de terre.
Vous pouvez aussi mélanger une même quantité de pommes de terre et de courge.

4 À 6 PORTIONS

1 courge buttercup d'environ 50 cm
   (20 po) de diamètre, en dés (environ
   800 g/7 tasses)
6 c. à soupe d'huile d'olive
2 c. à soupe de beurre fondu
1 sachet de 40 g (2 ½ oz) de soupe à
   l'oignon
3 c. à soupe de persil frais, haché
Sel et poivre

- Mélanger tous les ingrédients dans une lèchefrite
  et cuire au four 12 min à 220 °C (425 °F).

Courge spaghetti au confit d'oignon

Vous pouvez utiliser moitié bouillon et moitié vin blanc ou vin rouge, et même du porto.
N'hésitez pas à ajouter 1 c. à café (1 c. à thé) de liqueur au choix
(cassis, pomme, etc.). Le reste de confit se garde au réfrigérateur et on peut aussi le congeler.

4 PORTIONS

2 c. à soupe de beurre
2 c. à soupe de miel
3 gros oignons rouges, pelés et coupés
   en fines rondelles
1 c. à soupe de vinaigre balsamique
125 ml (½ tasse) de bouillon de bœuf
   ou de vin
Sel et poivre
250 ml (1 tasse) de crème sure
La chair d'une courge spaghetti moyenne,
   cuite (environ 125 g/½ tasse par
   portion)

- Faire fondre le beurre dans une poêle. Ajouter
  le miel et les oignons. Cuire 20 min en remuant
  de temps à autre.

- Déglacer avec le vinaigre et le bouillon. Saler et
  poivrer. Poursuivre la cuisson environ 10 min.
  Prélever 250 ml (1 tasse) du confit et mélanger
  avec la crème sure et la chair de courge. Réchauf-
  fer au four à micro-ondes ou à la poêle et servir.

75

Courge spaghetti au pesto

Pour faire un repas complet, ajoutez des escalopes de veau ou de poulet coupées en lanières que vous ferez sauter avec des légumes (poivrons, champignons, courgettes et oignons) dans un peu d'huile d'olive.

2 PORTIONS

4 c. à soupe de pesto au basilic ou de pesto aux tomates séchées du commerce
1 petite courge spaghetti, coupée en deux sur la longueur et égrenée

• Mettre les demi-courges dans un plat en verre, face coupée vers le fond. Verser un peu d'eau et cuire au four à micro-ondes environ 15 min. Retirer la chair et mélanger avec le pesto. Servir chaud.

Courge spaghetti simple à l'ail

Augmentez ou diminuez la quantité de bouillon selon la consistance désirée et la quantité de chair obtenue. On peut aussi remplacer le bouillon par du jus de tomate et même ajouter un peu de crème.

4 PORTIONS

2 c. à soupe d'huile d'olive
4 à 6 gousses d'ail, hachées
125 ml (½ tasse) de bouillon de poulet
Sel, poivre, origan et persil ou autres assaisonnements au goût
La chair cuite d'une courge spaghetti moyenne
Parmesan, râpé

• Chauffer l'huile dans une casserole et faire revenir l'ail de 1 à 2 min en évitant de trop brunir. Ajouter le bouillon, les assaisonnements et la chair de la courge. Cuire de 2 à 3 min en remuant. Saupoudrer de parmesan et servir.

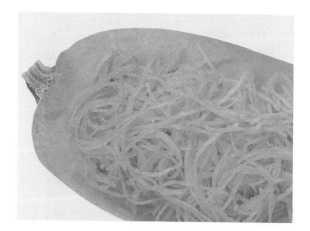

Courge Stroganov

Ce plat est parfait pour accompagner une viande grillée.
On peut aussi le servir avec des nouilles aux œufs.

4 PORTIONS

1 c. à café (1 c. à thé) de beurre

1 c. à café (1 c. à thé) d'huile végétale

1 gros oignon, haché

225 g (1 ½ tasse) de courge au choix, en petits dés

8 champignons blancs, en tranches

60 ml (¼ tasse) de vin de glace ou de vin blanc

175 ml (¾ tasse) de bouillon de bœuf

125 ml (½ tasse) de crème sure légère

1 c. à soupe de farine

¼ c. à café (¼ c. à thé) d'ail granulé ou en poudre

¼ c. à café (¼ c. à thé) de persil séché

Sel et poivre

• Chauffer le beurre et l'huile dans une casserole. Faire revenir les légumes 5 min. Ajouter le vin et laisser réduire 3 min. Incorporer 125 ml (½ tasse) de bouillon, couvrir et laisser mijoter environ 10 min, jusqu'à ce que les courges soient tendres sans être trop molles.

• Ajouter le reste du bouillon qu'on aura mélangé avec la crème sure, la farine et les assaisonnements. Cuire 2 min de plus et servir.

Courge tempura

*Le nombre de portions dépendra de la grosseur de la courge choisie.
Augmentez ou diminuez la quantité des ingrédients selon la grosseur de la courge.*

6 À 8 PORTIONS

1 courge butternut, en bâtonnets
  gros comme des frites
1 œuf, battu
125 ml (½ tasse) de lait
80 g (½ tasse) de farine blanche tout
  usage
70 g (½ tasse) de semoule de maïs
Sel et poivre
Poudre d'ail
Huile d'arachide pour la friture

- Dans un bol, mélanger l'œuf et le lait.

- Dans un autre bol, mélanger les ingrédients secs. Tremper les bâtonnets de courge dans les ingrédients liquides, puis dans le mélange de farine. Cuire dans l'huile jusqu'à ce qu'ils soient dorés. Égoutter sur du papier absorbant et servir.

Frites de hubbard au four

6 À 8 PORTIONS

1 courge hubbard, pelée, égrenée et
  coupée en bâtonnets de 1 cm (½ po)
  d'épaisseur x 5 cm (2 po) de longueur
Huile d'olive
Sel

- Mettre les bâtonnets de courge dans un bol, arroser avec un peu d'huile et saler. Déposer sur une plaque à pâtisserie couverte de papier parchemin et cuire au four de 15 à 20 min à 230 °C (450 °F) en les retournant à mi-cuisson.

Galettes de courge râpée

Les galettes peuvent être congelées une fois cuites, puis réchauffées au four conventionnel. Si on les réchauffe dans le four à micro-ondes, elles deviendront trop molles.

8 GALETTES DE 8 CM (3 PO)

250 g (2 tasses) de courge au choix, râpée
1 oignon moyen, haché finement
40 g (¼ tasse) de farine
3 blancs d'œufs
Sel et poivre
Ail granulé ou en poudre
60 ml (¼ tasse) d'huile d'arachide

- Dans un bol, mélanger tous les ingrédients (sauf l'huile) à l'aide d'une fourchette. Chauffer l'huile dans une grande poêle. Prendre environ 60 ml (¼ tasse) de la préparation et la déposer dans l'huile. Aplatir avec le dos d'une spatule pour former une galette. Cuire environ 3 min de chaque côté en la retournant à l'aide de deux spatules pour éviter les éclaboussures d'huile. Procéder ainsi jusqu'à complète utilisation du mélange. Ajouter de l'huile dans la poêle au besoin. Servir les galettes chaudes.

Gratin de courge simple

4 PORTIONS

1 c. à café (1 c. à thé) d'huile végétale
1 gros oignon, haché
40 g (¼ tasse) de farine
1 c. à café (1 c. à thé) de levure chimique (poudre à lever)
480 g (2 tasses) de purée de courge hubbard ou autre
125 ml (½ tasse) de crème sure légère
¼ c. à café (¼ c. à thé) d'assaisonnement au chili
Sel et poivre
60 g (1 tasse) de fromage, râpé
25 g (½ tasse) de chapelure

- Chauffer l'huile dans une poêle et faire revenir les oignons 5 min. Réserver.

- Dans un bol, mélanger la farine et la levure. Réserver.

- Dans un autre bol, mélanger la purée de courge et la crème sure. Ajouter les oignons, la farine et les assaisonnements. Déposer dans un plat allant au four, couvrir de fromage et de chapelure. Cuire au four 45 min à 190 °C (375 °F). Servir le gratin chaud.

79

Légumes d'hiver au miel

4 PORTIONS

I petite courge potimarron ou au choix,
  pelée et coupée en dés
I navet ou I rutabaga, en dés
I grosse carotte, en dés
2 échalotes ou I gros oignon, hachés
I c. à soupe d'huile végétale
I c. à café (I c. à thé) de miel
½ c. à café (½ c. à thé) de zeste d'orange
I c. à café (I c. à thé) de persil
Une pincée de muscade
Sel et poivre

- Mettre les légumes dans un plat allant au four. Dans un bol, mélanger le reste des ingrédients et répartir sur les légumes. Cuire au four 30 min à I80 °C (350 °F).

Polenta à la courge

6 PORTIONS

250 ml (I tasse) de lait
250 ml (I tasse) de bouillon de poulet ou
  de crème légère (I0 %)
240 g (I tasse) de purée de courge au
  choix
70 g (⅓ tasse) de polenta à grains moyens
50 g (⅓ tasse) de parmesan, râpé
60 g (I tasse) de cheddar, râpé
Sel et poivre

- Chauffer le lait et le bouillon dans une casserole. Ajouter la purée de courge et remuer. Incorporer le reste des ingrédients et remuer continuellement pendant 6 min à l'aide d'une cuillère de bois. Servir immédiatement.

Mijoté de légumes et d'orge

La base de ce mijoté ressemble à la courge Stroganov (p. 77).
On peut y ajouter des cubes de bœuf pour faire un ragoût
ou des haricots blancs cuits pour faire un plat végétarien.

6 PORTIONS

1 c. à soupe de beurre

1 c. à soupe d'huile d'olive

2 gousses d'ail, émincées

3 petites échalotes, hachées

8 champignons blancs moyens, en grosses
  tranches

400 g (3 à 4 tasses) de courge au choix,
  en dés

1 pomme de terre jaune, pelée et coupée
  en dés

1 grosse carotte, pelée et coupée
  en rondelles

60 ml (¼ tasse) de vin blanc

2 c. à soupe de farine

750 ml (3 tasses) de bouillon de bœuf

200 g (1 tasse) d'orge perlé

Thym séché

Persil frais

Sel et poivre

- Dans une casserole, chauffer le beurre et l'huile et faire revenir l'ail et les échalotes. Ajouter les légumes et cuire 3 min en remuant. Déglacer au vin blanc. Incorporer la farine au bouillon à l'aide d'un fouet et verser sur les légumes. Ajouter l'orge et les assaisonnements. Remuer, baisser le feu, couvrir et laisser mijoter environ 30 min en remuant de temps à autre.

Petits pains de campagne

Le pain exige une préparation un peu longue, c'est bien connu.
Pour profiter de l'arôme exquis du pain frais au petit-déjeuner, on peut le préparer la veille,
laisser la pâte au réfrigérateur toute la nuit et le faire cuire au réveil. Un vrai délice !

ENVIRON 12 PAINS

240 g (1 tasse) de purée de citrouille
60 ml (¼ tasse) d'huile végétale
2 œufs
640 g (4 tasses) de farine de blé entier
2 sachets de 8 g de levure instantanée
  (à action rapide)
250 ml (1 tasse) de lait, chaud
160 g (1 tasse) de farine blanche

- Dans un bol, mélanger la purée de citrouille, l'huile et les œufs. Ajouter la farine, la levure et le lait. Bien remuer pour rendre le mélange homogène et obtenir une boule. (La pâte doit être collante.) Renverser la pâte sur une surface farinée et pétrir environ 5 min en ajoutant de la farine blanche au fur et à mesure. Déposer la boule dans un plat légèrement huilé et couvrir avec un linge humide. Laisser lever 1 h à l'abri des courants d'air (dans un four éteint par exemple).

- Lorsque la pâte a levé, la dégonfler à l'aide d'un coup de poing. La renverser sur un plan de travail légèrement fariné et la façonner en 12 boules. Déposer sur une plaque à pâtisserie et laisser lever de nouveau environ 1 h. (À ce stade-ci, on peut laisser la pâte au réfrigérateur pendant la nuit et la faire cuire le lendemain.) Badigeonner de lait et cuire au four 20 min à 180 °C (350 °F). Laisser tiédir avant de servir.

Purée de courge et de brocoli

ENVIRON 500 ML (2 TASSES)

200 g (2 tasses) de bouquets de brocoli
120 g (2 tasses) de cheddar, râpé
240 g (1 tasse) de purée de courge
   hubbard, butternut ou buttercup
Sel et poivre
¼ c. à café (¼ c. à thé) de muscade
   moulue

• Cuire le brocoli dans un peu d'eau ou à la vapeur jusqu'à ce qu'il soit tendre. Réduire en purée au robot de cuisine avec le fromage. Transvider dans un bol. Incorporer les courges et les assaisonnements. Servir la purée chaude.

Purée de courge et de carotte

4 PORTIONS

2 grosses carottes, pelées et coupées en
   rondelles
60 ml (¼ tasse) de lait
1 c. à soupe de concentré de jus d'orange
   congelé non dilué ou 2 c. à soupe de jus
   frais
240 g (1 tasse) de purée de courge au
   choix
Sel et poivre
Coriandre moulue
Muscade moulue

• Cuire les carottes à l'eau bouillante environ 30 min, jusqu'à ce qu'elles soient tendres, puis égoutter. Réduire en purée à l'aide du robot de cuisine en incorporant le lait et le jus d'orange. Transvider dans un bol, ajouter le reste des ingrédients et mélanger. Servir la purée chaude.

Purée de courge
et de patate douce

Cette purée peut très bien remplacer la purée de pomme de terre traditionnelle.
On peut aussi utiliser une quantité égale de courge et de pommes de terre à chair jaune.

4 PORTIONS

1 grosse patate douce, pelée et coupée
  en morceaux
240 g (1 tasse) de purée de courge au
  choix
2 c. à soupe de crème légère (10 %),
  de lait ou de bouillon
Sel et poivre
Ail granulé ou en poudre

• Cuire la patate douce dans l'eau bouillante environ 15 min, jusqu'à ce qu'elle soit tendre. Égoutter, transvider dans un bol et réduire en purée à l'aide d'une fourchette. Ajouter le reste des ingrédients et servir immédiatement.

84

Ragoût de légumes braisés

Ce ragoût accompagne très bien la viande. Vous pouvez ajouter des cubes de bœuf ou de veau. Il suffit de les fariner et de les faire légèrement brunir dans un peu d'huile. Les retirer du faitout puis incorporer les ingrédients de la sauce. Cuire au four 40 min à couvert. Ajouter les légumes et poursuivre la cuisson 40 min de plus.

4 À 6 PORTIONS

2 c. à soupe d'huile d'olive

3 gousses d'ail, émincées

1 gros oignon, haché

150 g (1 tasse) de navet, en dés

400 g (2 tasses) de courge (golden, musquée, citrouille), en dés

2 grosses pommes de terre, pelées et coupées en dés

3 branches de céleri, en morceaux

SAUCE

375 ml (1 ½ tasse) de bouillon de poulet

80 ml (⅓ tasse) de vin rouge

1 c. à café (1 c. à thé) de moutarde de Dijon

2 c. à soupe de pâte de tomate

3 c. à soupe de farine

¼ c. à café (¼ c. à thé) d'assaisonnement à l'italienne (ou un mélange de thym, origan, basilic, cerfeuil et marjolaine séchés)

½ c. à café (½ c. à thé) d'herbes de Provence

Sel et poivre

- Chauffer l'huile dans un grand faitout. Ajouter tous les légumes et cuire 7 min en remuant de temps à autre.

- Mélanger le reste des ingrédients dans un bol. Verser sur les légumes et bien remuer. Transvider dans un plat allant au four, couvrir de papier d'aluminium et cuire 40 min à 180 °C (350 °F).

Risotto à la courge à l'italienne

6 PORTIONS

500 g (3 tasses) de courge au choix,
  en dés
1 c. à soupe d'huile végétale
1 branche de céleri, en morceaux
1 gros oignon, haché
1 échalote, émincée
100 g (½ tasse) de courgettes, en dés
400 g (2 tasses) de riz arborio
  ou de riz italien
250 ml (1 tasse) de vin blanc
1 litre (4 tasses) de bouillon de poulet
1 c. à café (1 c. à thé) de marjolaine
  séchée
1 c. à café (1 c. à thé) de cerfeuil séché
1 c. à café (1 c. à thé) d'origan séché
2 c. à café (2 c. à thé) de persil séché
Sel et poivre
120 g (1 tasse) de parmesan, râpé

- Dans une casserole, couvrir les courges d'eau et cuire environ 15 min. Égoutter et réserver.

- Dans la même casserole, faire revenir le céleri, les oignons, les échalotes et les courgettes 3 min dans l'huile. Ajouter le riz et remuer 2 min. Incorporer le vin et laisser cuire jusqu'à ce qu'il soit presque totalement évaporé.

- Verser 250 ml (1 tasse) de bouillon en remuant fréquemment. Lorsque le riz a absorbé le bouillon après 4 à 5 min de cuisson, verser de nouveau 250 ml (1 tasse) de bouillon sans cesser de remuer. Procéder ainsi toutes les 4 à 5 min jusqu'à épuisement du bouillon. Ajouter les fines herbes, le sel et le poivre. Incorporer le parmesan et les courges. Bien remuer et servir immédiatement.

Sauté de légumes croquants

Ce mets est particulièrement haut en couleurs et très appétissant.
Le bok choy se trouve habituellement dans les marchés d'aliments
asiatiques. Il peut être remplacé par de la laitue chinoise, du chou ou des haricots
de soja germés. Pour obtenir un repas complet, incorporer des cubes de tofu,
des morceaux de poulet ou des crevettes.

4 PORTIONS

SAUCE

2 c. à soupe de sauce soja
1 c. à café (1 c. à thé) de miel
1 c. à café (1 c. à thé) de vinaigre de riz
  ou de vinaigre ordinaire
2 gousses d'ail, émincées

SAUTÉ

1 c. à café (1 c. à thé) d'huile de sésame
1 c. à café (1 c. à thé) de gingembre frais,
  haché
150 g (1 ½ tasse) de courge au choix,
  émincée

1 branche de céleri, en biseaux
1 grosse carotte, pelée et coupée
  en rondelles
100 g (1 tasse) de bouquets de brocoli
12 bok choy miniatures
½ poivron rouge, en morceaux
½ poivron jaune, en morceaux
2 oignons verts, émincés

DÉCORATION

Graines de sésame
Coriandre fraîche

- Mélanger les ingrédients qui composent la sauce dans un bol et réserver.

- Chauffer l'huile dans un faitout ou un wok et ajouter le gingembre. Cuire 1 min.
  Ajouter tous les légumes et cuire 3 min en remuant. Incorporer la sauce et cuire 2 min de
  plus sans cesser de remuer. Décorer de graines de sésame et de coriandre fraîche hachée.

87

Timbales de riz
au coulis de brocoli

6 PORTIONS

1 c. à soupe d'huile d'olive

1 petite courge butternut, en petits dés
  (environ 360 g/2 tasses)

1 tomate, hachée

½ c. à café (½ c. à thé) d'ail granulé ou en
  poudre

170 g (¾ tasse) de riz, non cuit

¼ c. à café (¼ c. à thé) de marjolaine séchée

¼ c. à café (¼ c. à thé) d'origan séché

¼ c. à café (¼ c. à thé) de cerfeuil séché

2 c. à soupe de persil frais

Sel et poivre

500 ml (2 tasses) de bouillon de poulet

COULIS DE BROCOLI

100 g (1 tasse) de bouquets de brocoli

6 c. à soupe de bouillon de poulet

5 c. à soupe de lait (ou moitié lait,
  moitié crème épaisse)

Sel et poivre

Brins de persil frais

- Chauffer l'huile dans une casserole. Ajouter les courges, les tomates, l'ail, le riz, les fines herbes, le sel et le poivre. Remuer. Incorporer le bouillon, couvrir et laisser mijoter 20 min.

- Cuire le brocoli dans un peu d'eau jusqu'à ce qu'il soit tendre. Passer au mélangeur avec le reste des ingrédients qui composent le coulis. Déposer une portion de riz dans un ramequin ou un moule à flan et bien presser. Renverser le riz sur une assiette. Napper de coulis et décorer de persil.

Tranches de courge au bacon

6 PORTIONS

2 c. à soupe de sirop d'érable

2 c. à soupe de miel

2 c. à café (2 c. à thé) de moutarde
de Dijon

2 c. à café (2 c. à thé) de moutarde
américaine

1 c. à café (1 c. à thé) de vinaigre
de cidre de pomme

¼ c. à café (¼ c. à thé) de clou
de girofle moulu

6 pointes de courge d'environ 15 x 4 cm
(6 x 1 ½ po) (la couper en quartiers
comme un cantaloup)

6 tranches de bacon

- Dans un grand bol, mélanger le sirop d'érable, le miel, la moutarde, le vinaigre et le clou de girofle. Tremper les morceaux de courge dans la sauce en les enduisant bien de tous les côtés. Réserver.

- Tremper les tranches de bacon dans la sauce et envelopper chaque quartier de courge avec une tranche de bacon. Déposer sur une plaque à pâtisserie couverte d'un papier parchemin. Badigeonner les courges avec le reste de la sauce et cuire au four 15 min à 230 °C (450 °F). Badigeonner avec le jus de cuisson. Augmenter la chaleur du four à température la plus élevée et laisser griller 5 min pour bien dorer.

Conserves
et *sauces*

Conserves
et sauces

Chutney de courge et d'abricot

5 POTS DE 250 ML (1 TASSE)

2 litres (8 tasses) de courge au choix,
  en morceaux
14 abricots séchés, coupés en deux
2 pommes vertes, pelées et coupées
  en dés
50 g (¼ tasse) de raisins secs
1 gros oignon, émincé
60 ml (¼ tasse) de vinaigre de riz ou de
  vinaigre de cidre

½ c. à café (½ c. à thé) d'ail granulé
  ou en poudre
¼ c. à café (¼ c. à thé) de purée de gingembre
  ou ½ c. à café (½ c. à thé) de gingembre moulu
¼ c. à café (¼ c. à thé) de cari
1 c. à café (1 c. à thé) de moutarde sèche
100 g (½ tasse) de cassonade ou de sucre roux
250 ml (1 tasse) d'eau

• Mettre tous les ingrédients dans un faitout, remuer et porter à ébullition. Réduire le feu,
  couvrir et laisser mijoter 1 h en remuant de temps à autre. Mettre dans des pots de 250 ml
  (1 tasse) préalablement lavés à l'eau très chaude. Placer les pots bien fermés dans une
  casserole et couvrir d'eau chaude. Porter à ébullition et laisser bouillir environ 10 min. Retirer de l'eau. Les conserves de chutney se garderont plusieurs semaines, voire quelques mois,
  dans le garde-manger.

Confiture de potiron aux petits fruits

7 POTS DE 250 ML (1 TASSE)

500 g (4 tasses) de potiron ou de courge
  au choix, en dés
300 g (2 ½ tasses) de bleuets surgelés,
  non décongelés
300 g (2 ½ tasses) de petits fruits mélan-
  gés surgelés, non décongelés (mélange
  de fraises, mûres, framboises et bleuets)
1,2 kg (6 tasses) de sucre
2 c. à soupe de jus de citron
2 sachets de 85 g (3 oz) de pectine liquide

• Mettre le potiron et les fruits dans un faitout.
  Couvrir et laisser mijoter de 10 à 20 min, jusqu'à
  ce que le potiron soit tendre. Ajouter le sucre et
  le jus de citron et cuire 3 min à gros bouillons.
  Retirer du feu. Incorporer la pectine liquide. Remuer et verser dans les bocaux stérilisés. Cuire
  environ 10 min dans une casserole d'eau bouillante.

Confitures de courge spaghetti aux canneberges

Ces confitures accompagnent à merveille les scones et le pain de campagne.

4 POTS DE 250 ML (1 TASSE)

600 g (4 tasses) de chair de courge
  spaghetti, cuite (utiliser une courge
  d'environ 1 kg/2 lb)
200 g (2 tasses) de canneberges surgelées,
  entières
375 ml (1 ½ tasse) de jus de pomme
  concentré congelé non dilué
60 ml (¼ tasse) de sirop d'érable
  ou de miel
400 g (2 tasses) de sucre

- Mettre tous les ingrédients dans une casserole. Porter à ébullition, réduire le feu et cuire 40 min en remuant de temps à autre. Verser dans des pots préalablement stérilisés. Cuire les pots environ 10 min dans une casserole d'eau bouillante.

Marmelade de courge à la vanille

7 POTS DE 250 ML (1 TASSE)

1 kg (4 tasses) de courge au choix
1,6 kg (8 tasses) de sucre
60 ml (¼ tasse) de jus de citron
60 ml (¼ tasse) de jus d'orange
4 oranges, non pelées et coupées
  en fines tranches
1 citron, en fines tranches
1 c. à café (1 c. à thé) de vanille
1 bâtonnet de cannelle

- Mélanger tous les ingrédients dans une casserole et cuire 45 min en remuant de temps à autre. Verser dans des pots stérilisés. Cuire les pots environ 10 min dans une casserole d'eau bouillante.

Marinade de citrouille et de légumes

4 POTS DE 500 ML (2 TASSES)

1 chou-fleur, en petits bouquets

2 carottes, pelées et coupées en rondelles

2 oignons, en tranches

500 g (2 tasses) de citrouille, en bâtonnets

2 petits concombres à marinade, non pelés et coupés en bâtonnets

300 g (1 ½ tasse) de sucre

500 ml (2 tasses) de vinaigre

1 c. à café (1 c. à thé) de sel

250 ml (1 tasse) d'eau

1 c. à café (1 c. à thé) de moutarde en poudre

2 c. à soupe d'épices à marinades

• Mettre tous les ingrédients dans un faitout et porter à ébullition. Réduire le feu et cuire environ 10 min, jusqu'à ce que les légumes soient tendres. Verser dans des pots stérilisés.

95

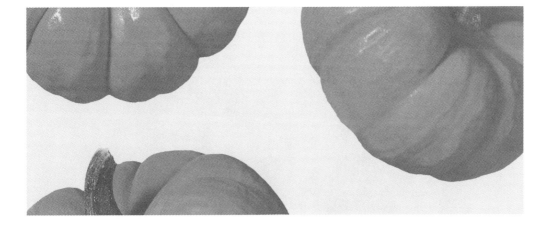

Sauce à la citrouille et aux prunes

Cette sauce sert d'accompagnement pour les mets chinois. On peut aussi la badigeonner sur des côtelettes de porc ou du poulet avant de les faire griller.

1 LITRE (4 TASSES)

500 g (2 tasses) de purée de citrouille

4 prunes fraîches, non pelées et coupées
   en morceaux

125 ml (½ tasse) de ketchup

3 c. à soupe de vinaigre

150 g (¾ tasse) de sucre

2 c. à soupe de cocktail de canneberge
   surgelé non dilué

60 ml (¼ tasse) d'eau

Un soupçon de harissa ou de piment
   en flocons

½ c. à café (½ c. à thé) d'ail granulé
   ou en poudre

• Mettre tous les ingrédients dans un faitout. Couvrir, porter à ébullition, réduire la chaleur et cuire 30 min en remuant de temps à autre. Si l'on désire une texture moins fibreuse, passer la sauce au tamis. Verser dans des pots stérilisés et cuire environ 10 min dans une casserole d'eau bouillante. On peut aussi congeler la sauce en petites portions.

Sauce à spaghetti aux tomates, à la viande et aux courges

Pour obtenir un chili, omettre le vin rouge et ajouter 350 g (2 tasses) de haricots rouges égouttés, environ 1 c. à soupe d'assaisonnement au chili et 2 poivrons verts en dés. On peut aussi faire la sauce sans viande.

2 LITRES (8 TASSES)

2 c. à soupe d'huile d'olive
2 oignons, hachés
500 g (1 lb) de porc haché maigre
500 g (2 tasses) de purée de citrouille
800 g (3 ½ tasses) de tomates en conserve, en dés
500 ml (2 tasses) de jus de tomate
156 ml (5 ½ oz) de pâte de tomate en conserve
1 courgette moyenne, non pelée et coupée en morceaux

125 ml (½ tasse) de bouillon de poulet
125 ml (½ tasse) de vin rouge
1 feuille de laurier
1 c. à soupe de vinaigre balsamique
1 c. à café (1 c. à thé) de sucre
½ c. à café (½ c. à thé) de persil séché
½ c. à café (½ c. à thé) de marjolaine séchée
½ c. à café (½ c. à thé) d'origan séché
½ c. à café (½ c. à thé) d'ail
½ c. à café (½ c. à thé) de graines de céleri moulues
Sel et poivre
4 portions de pâte cuites, au choix

• Chauffer l'huile dans une casserole. Ajouter les oignons et le porc et cuire 5 min en remuant. Ajouter la citrouille et les autres ingrédients. Couvrir et laisser mijoter 45 min. Servir sur les pâtes et congeler le restant de la sauce.

Desserts

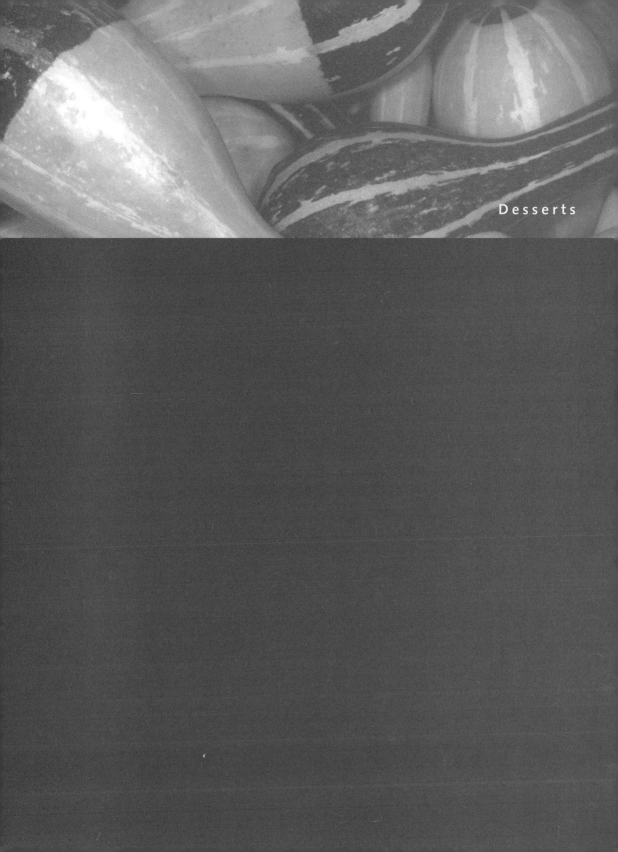

Desserts

Bagatelles à la courge
et à la pêche

Si l'on veut un dessert un peu moins riche, il suffit de remplacer la crème
par du yogourt à la vanille ou aux pêches. Il n'est alors pas nécessaire
de fouetter ni de rajouter le jus des pêches.

4 PORTIONS

1 sachet de poudre pour gelée
  aux pêches
125 ml (½ tasse) d'eau bouillante
180 g (¾ tasse) de purée de courge
180 ml (¾ tasse) de crème épaisse
  (35 %)
4 gros biscuits doigts de dame (biscuits à
  la cuiller) ou du gâteau éponge,
  en morceaux
398 ml (1 ⅔ tasse) de pêches en conserve,
  égouttées (réserver le jus)

• Dans un grand bol, dissoudre la poudre pour gelée dans l'eau bouillante. Ajouter la purée de courge et mélanger au batteur à main. Mettre au réfrigérateur quelques minutes.

• Fouetter la crème jusqu'à formation de pics. Sans cesser de fouetter, ajouter 8 c. à soupe (une à la fois) du jus de pêche réservé. Incorporer délicatement la crème au mélange précédent et laisser prendre 30 min au réfrigérateur.

• Répartir la moitié des biscuits dans 4 grandes coupes. Couvrir avec quelques morceaux de pêche et de la mousse à la courge. Répéter la même chose avec le reste des ingrédients. S'il reste du jus, on peut le verser sur les biscuits. Laisser refroidir au moins 30 min au réfrigérateur avant de servir.

Baklavas à la courge et aux épices

Laissez la pâte phyllo décongeler dans son emballage 30 min à température ambiante avant de vous en servir. Elle peut être décongelée et recongelée trois ou quatre fois. Comme elle est très mince, il est préférable de la couvrir avec un linge légèrement humide lorsqu'on l'utilise pour éviter qu'elle ne se dessèche. Les baklavas doivent être coupés avant la cuisson. Ils se conservent jusqu'à une semaine au réfrigérateur.

20 MORCEAUX

GARNITURE

160 g (1 ¼ tasse) de graines de
  citrouille, décortiquées
100 g (¾ tasse) de noix de Grenoble
100 g (1 tasse) d'amandes tranchées
Le zeste d'un citron (réserver le jus
  pour le sirop)
Le zeste d'une orange (réserver le jus
  pour le sirop)
1 c. à café (1 c. à thé) de muscade moulue
1 c. à café (1 c. à thé) de clou de girofle
  moulu
1 c. à café (1 c. à thé) de cardamome
  moulue
110 g (½ tasse) de sucre
250 g (2 tasses) de courge au choix,
  râpée finement

PÂTE PHYLLO

Un paquet de pâte phyllo, décongelée
Beurre fondu ou enduit antiadhésif
  à saveur de beurre en vaporisateur

SIROP

350 g (1 ¾ tasse) de sucre
500 ml (2 tasses) d'eau
250 ml (1 tasse) de miel
½ c. à soupe de cannelle moulue
Le jus du citron
Le jus de l'orange

- Moudre les graines de citrouille, les noix et les amandes à l'aide du robot de cuisine. Transvider dans un bol et ajouter le reste des ingrédients de la garniture en remuant à la cuillère. Diviser la préparation en trois parties égales et réserver.

- Déposer 4 feuilles de pâte phyllo au fond du moule en les badigeonnant avec un peu de beurre ou en les vaporisant entre chaque couche pour bien les faire coller ensemble. Étendre le premier tiers de la préparation aux noix sur la pâte et couvrir avec 4 autres feuilles de pâte, en badigeonnant de beurre ou en vaporisant chaque fois. Procéder ainsi avec les deux autres tiers des noix. Ajouter 1 ou 2 feuilles de pâte sur le dessus. Découper en carrés ou en losanges avant de faire cuire au four 25 min à 190 °C (375 °F), jusqu'à ce que la croûte soit bien dorée.

- Préparer le sirop pendant la cuisson des baklavas. Mettre le sucre, l'eau, le miel et la cannelle dans une casserole. Porter à ébullition et cuire de 3 à 4 min. Retirer du feu et incorporer les jus de citron et d'orange en remuant. Verser sur les baklavas dès qu'ils sortent du four. Couvrir et laisser refroidir à température ambiante. Conserver au réfrigérateur.

Beignets à la citrouille

18 BEIGNETS

240 g (1 tasse) de purée de citrouille
2 œufs
50 g (¼ tasse) de sucre
Le jus et le zeste d'une orange
1 c. à soupe d'huile végétale
160 g (1 tasse) de farine mélangée
   avec 1 c. à café (1 c. à thé) de levure
   chimique (poudre à lever)
50 g (¼ tasse) de raisins de Corinthe
Huile pour la friture
Sucre glace ou sirop d'érable

- Dans un bol, mélanger la purée de citrouille, les œufs, le sucre, le jus, le zeste d'orange et l'huile. Incorporer la farine et les raisins. Déposer à la cuillère dans un bain d'huile et frire quelques minutes de chaque côté jusqu'à ce que les beignets soient dorés. Déposer sur du papier absorbant. Servir les beignets nature ou les saupoudrer de sucre glace ou napper de sirop d'érable.

Biscuits au potiron et au chocolat

ENVIRON 36 BISCUITS

450 g (3 ½ tasses) de potiron ou
   de citrouille, en morceaux
60 g (⅔ tasse) de poudre de cacao
3 c. à soupe de beurre
2 œufs
1 c. à café (1 c. à thé) de vanille
100 g (½ tasse) de sucre
400 g (2 ½ tasses) de farine
300 g (1 ½ tasse) de grains de
   chocolat mi-sucré

- Dans une casserole, cuire le potiron dans un peu d'eau, à couvert, environ 15 min. Rincer à l'eau froide, égoutter et transvider dans un bol. Ajouter le reste des ingrédients, sauf le chocolat, et mélanger à la fourchette. Incorporer le chocolat et déposer à la cuillère sur une plaque à pâtisserie. Cuire au four de 15 à 20 min à 180 °C (350 °F). Laisser tiédir avant de servir.

Carrés à la citrouille et aux arachides

12 CARRÉS

60 ml (¼ tasse) d'huile végétale
150 g (¾ tasse) de cassonade ou de sucre
   roux
180 g (¾ tasse) de purée de citrouille
1 c. à café (1 c. à thé) de vanille
2 œufs
125 g (½ tasse) de purée de dattes (faire
   chauffer des dattes avec un peu d'eau
   et remuer pour obtenir une purée)
60 g (¼ tasse) de beurre d'arachide
160 g (1 tasse) de farine
1 c. à café (1 c. à thé) de levure chimique
   (poudre à lever)
¼ c. à café (¼ c. à thé) de bicarbonate
   de soude
50 g (¼ tasse) de raisins secs

- Dans un bol, mélanger l'huile, la cassonade, la purée de citrouille et la vanille. Ajouter les œufs, la purée de dattes et le beurre d'arachide. Réserver.

- Dans un autre bol, mélanger la farine, la levure chimique et le bicarbonate de soude et l'ajouter au premier mélange. Incorporer les raisins secs. Verser la préparation dans un moule carré en verre beurré. Cuire au four 30 min à 180 °C (350 °F). Laisser refroidir avant de découper en carrés.

Carrés de courge aux pommes et aux abricots

12 CARRÉS

GARNITURE
15 abricots séchés, hachés
125 ml (½ tasse) d'eau
400 g (4 tasses) de courge au choix,
  râpée
2 grosses pommes, pelées et coupées
  en petits morceaux
125 ml (½ tasse) de jus de pomme
3 c. à soupe de fécule de maïs
120 g (⅔ tasse) de cassonade ou
  de sucre roux
½ c. à café (½ c. à thé) de cannelle
  moulue

CROÛTE
225 g (2 ½ tasses) de flocons d'avoine
  crus
160 g (1 tasse) de farine
180 g (1 tasse) de cassonade ou
  de sucre roux
175 g (¾ tasse) de beurre ou de margarine

- Mettre les abricots et l'eau dans une grande tasse et cuire de 3 à 4 min au four à micro-ondes.

- Dans un bol, mélanger tous les ingrédients de la garniture et bien remuer. Réserver.

- Dans un autre bol, mélanger l'avoine, la farine et la cassonade. Ajouter le beurre et travailler la pâte pour obtenir une texture grumeleuse. Déposer la moitié du mélange de la croûte au fond d'un moule carré en verre allant au four et aplatir avec les mains. Couvrir avec la garniture et le reste de la croûte en lissant bien avec les mains. Cuire 45 min à découvert à 180 °C (350 °F). Ces carrés peuvent être servis chauds ou froids.

105

Citrouille et bananes au caramel

Cette recette accompagne très bien le yogourt, la salade de fruits,
un gâteau ou une coupe glacée. Elle peut être servie chaude ou froide,
mais elle est vraiment plus savoureuse chaude.

ENVIRON 6 PORTIONS

250 g (1 ½ tasse) de citrouille,
  en petits dés
60 g (¼ tasse) de beurre
1 c. à café (1 c. à thé) de vanille
100 g (½ tasse) de cassonade ou
  de sucre roux
2 grosses bananes, en petits morceaux

100 g (¾ tasse) de dattes, dénoyautées
  et hachées grossièrement
30 g (¼ tasse) d'amandes effilées
¼ c. à café (¼ c. à thé) de piment
  de la Jamaïque
Une pincée de cardamome moulue
1 c. à soupe de zeste de citron ou
  de zeste d'orange
Quelques gouttes de liqueur au choix
  (facultatif)

- Blanchir les dés de citrouille de 3 à 4 min dans une casserole remplie d'eau bouillante. Égoutter et réserver.

- Dans un poêlon, faire chauffer le beurre et la vanille à feu doux. Ajouter la cassonade et remuer pour dissoudre. Incorporer le reste des ingrédients et cuire à feu moyen de 4 à 5 min en remuant. Arroser d'un trait de liqueur au choix et servir.

Compote de pommes et de courges

6 PORTIONS

5 pommes, pelées, évidées et coupées en morceaux

1 petite courge butternut de 480 g (1 lb), pelée, épépinée et coupée en morceaux

360 g (1 ½ tasse) de purée de citrouille

375 ml (1 ½ tasse) de jus de pomme concentré congelé non dilué

100 g (½ tasse) de sucre (facultatif)

¼ c. à café (¼ c. à thé) de cardamome moulue

¼ c. à café (¼ c. à thé) de cannelle moulue

• Mettre les pommes et les courges dans une casserole. Ajouter le reste des ingrédients et porter à ébullition. Réduire le feu et laisser mijoter 45 min. Réduire en purée au mélangeur. Servir la compote chaude ou froide.

Friandises glacées à la cerise

24 PORTIONS

300 ml (1 ¼ tasse) de lait condensé sucré en conserve

360 g (1 ½ tasse) de purée de citrouille ou de courge au choix

25 cerises confites, coupées en deux

200 g (2 tasses) de noix de coco râpée non sucrée

115 g (1 tasse) de chapelure de biscuits au miel

24 moules de papier (pour les muffins)

• Mélanger tous les ingrédients dans un bol et déposer à la cuillère dans les moules de papier. Déposer ceux-ci sur une plaque à pâtisserie et laisser au moins 1 h au congélateur avant de servir.

Français

Crêpes du dimanche

8 CRÊPES DE 5 CM (8 PO) CHACUNE

2 œufs, séparés
2 c. à soupe de concentré de jus
de pomme congelé en conserve, de
beurre de pomme ou de compote
de pomme
200 g (I tasse) de courge spaghetti, cuite
250 ml (I tasse) de lait
160 g (I tasse) de farine
Une pincée de cannelle moulue (facultatif)

• Dans un bol, monter les blancs d'œufs en neige et réserver.

• Dans un autre bol, battre les jaunes d'œufs avec le concentré de jus de pomme. Ajouter les courges, le lait, la farine et la cannelle. Bien remuer. Incorporer délicatement les blancs d'œufs au mélange précédent. À l'aide d'une louche, verser un peu de la préparation dans une poêle chaude huilée et cuire environ 3 min de chaque côté. Servir les crêpes accompagnées de compote de pommes ou de sirop.

Flans à la courge parfumés au chocolat

À la sortie du four, le centre du flan va s'affaisser naturellement. Vous pouvez napper le flan bien refroidi de crème fouettée pour une plus belle présentation.

4 PORTIONS

180 g (¾ tasse) de purée de courge au
choix (potimarron, citrouille, buttercup)
I c. à café (I c. à thé) de vanille
125 ml (½ tasse) de crème épaisse (35 %)
60 ml (¼ tasse) de lait
100 g (3 ½ carrés) de chocolat
80 g (⅓ tasse) de sucre +I c. à café
(I c. à thé) de sucre
¼ c. à café (¼ c. à thé) de cannelle
moulue (facultatif)
3 gros œufs

• Dans un bol, battre la purée de courge et la vanille. Réserver.

• Mettre la crème, le lait et le chocolat dans une tasse et chauffer de I à 2 min dans le four à micro-ondes pour que le chocolat fonde. Incorporer aux courges en remuant au batteur à main. Ajouter 80 g (⅓ tasse) de sucre, la cannelle et les œufs, un à la fois. Mettre ¼ c. à café (¼ c. à thé) de sucre au fond de chaque petit moule à flan et y verser la préparation. Cuire les flans dans un bain-marie au four : les déposer dans une lèche-frite ou un grand plat en verre dans lequel on aura versé de l'eau jusqu'à mi-hauteur. Cuire de 45 à 50 min dans le four préchauffé à 180 °C (350 °F). Laisser tiédir avant de refroidir au réfrigérateur.

Crème à la courge et aux fruits

Pour faire une tarte meringuée avec cette recette : précuire une abaisse de pâte brisée ou de biscuits graham environ 8 min. Verser la crème de courge cuite dans l'abaisse et réserver. Faire une meringue avec les blancs d'œufs : battre les blancs en neige et ajouter 4 c. à soupe de sucre tout en battant. Répartir cette meringue sur la tarte et passer au four environ 10 min pour faire dorer. Laisser tiédir, puis mettre au réfrigérateur avant de servir. Accompagner les pointes de tarte avec de la salade de fruits. Ajouter un trait de liqueur au choix à la crème de courge si désiré.

4 PORTIONS

3 jaunes d'œufs

375 ml (1 ½ tasse) de salade de fruits ou de pêches en conserve (égoutter et réserver le jus)

3 c. à soupe de farine

1 c. à café (1 c. à thé) de vanille

3 c. à soupe de sucre

240 g (1 tasse) de purée de courge au choix

• Mettre les jaunes d'œufs dans un grand bol et ajouter 3 c. à soupe du jus réservé. Mélanger avec le batteur à main jusqu'à ce que le mélange devienne mousseux. Ajouter la farine tout en continuant de battre pour bien mélanger. Transvider le mélange dans une casserole. Incorporer le reste du jus réservé, la vanille et le sucre. Chauffer à moyen en remuant jusqu'à épaississement. Ajouter la purée de courge et bien mélanger. Retirer du feu et laisser tiédir. Répartir la salade de fruits dans 4 coupes à dessert et napper le dessus avec la crème à la courge. Laisser refroidir au réfrigérateur au moins 30 min avant de servir.

Crème glacée divine
à la citrouille et au gingembre

Cette crème glacée tout à fait exquise peut être préparée avec n'importe quelle variété de courge. On peut aussi ajouter du gingembre cristallisé (confit) aux fruits confits. Les blancs d'œufs peuvent être congelés et servir pour une meringue, comme dans les recettes de Tiramisu à la citrouille (p. 121) et de Galettes de courge râpée (p. 79). Pour garnir la crème glacée, utilisez la recette chaude de Citrouille et bananes au caramel (p. 106) et, au choix, quelques gouttes de Grand Marnier ou d'une autre liqueur. Un vrai régal!

ENVIRON 2 LITRES (8 TASSES)

200 g (1 tasse) de sucre
125 ml (½ tasse) d'eau
8 jaunes d'œuf
1 c. à café (1 c. à thé) de vanille
½ c. à café (½ c. à thé) de gingembre
  moulu
250 ml (1 tasse) de lait
500 ml (2 tasses) de crème légère (10 %)
500 g (2 tasses) de purée de citrouille
250 g (2 tasses) de fruits confits

- Chauffer l'eau et le sucre jusqu'à consistance sirupeuse et laisser tiédir.

- Dans un bol, battre les jaunes d'œufs avec la vanille et le gingembre jusqu'à l'obtention d'une consistance mousseuse. Tout en continuant de battre, verser lentement le sirop en filet. Ajouter le lait, la crème et la purée de citrouille. Terminer avec les fruits confits. Déposer dans un plat et laisser prendre de 1 à 2 h au congélateur. La texture doit être légèrement molle. Si la crème glacée est trop dure pour être cassée, la laisser environ 30 min à température ambiante.

- Passer la crème glacée au mélangeur pour obtenir une belle purée lisse. Conserver dans un contenant au congélateur. Au moment de servir, laisser la crème glacée environ 20 min à température ambiante. Couvrir avec du sirop d'érable et des amandes effilées ou encore avec un peu de Citrouille et bananes au caramel (p. 106).

Lasagne moka à la courge

4 PORTIONS

SAUCE

130 g (4 ½ carrés) de chocolat mi-sucré
1 c. à soupe de beurre
2 c. à soupe de sucre en poudre
250 ml (1 tasse) de crème légère (10 %)
2 c. à soupe de café liquide

LASAGNE

6 à 9 lasagnes plates, précuites (ou selon
 la grosseur du moule et des lasagnes
 utilisés)
Environ 20 tranches de courge butternut à
 long cou, pelées et blanchies 1 min à
 l'eau bouillante
6 c. à soupe d'amandes en poudre
30 g (1 oz) de chocolat, râpé, divisé en
 trois
125 ml (½ tasse) de crème épaisse (35 %)

SAUCE

• Faire fondre le beurre, le chocolat et le sucre en
 poudre dans un bain-marie ou à feu doux. Ajouter la crème et le café. Remuer et cuire de 2 à
 3 min. Retirer du feu.

LASAGNE

• Étendre le tiers de la sauce au fond d'un moule
 carré allant au four et ajouter 2 ou 3 lasagnes.
 Mettre 10 tranches de courge sur les lasagnes
 (ou suffisamment pour couvrir le fond). Saupoudrer avec 2 c. à soupe d'amandes et le tiers du
 chocolat. Couvrir avec le tiers de la sauce et les
 dernières tranches de courge. Saupoudrer avec
 2 c. à soupe d'amandes et le tiers du chocolat.
 Couvrir avec le reste de la sauce et un dernier
 rang de lasagnes. Saupoudrer le reste des amandes et du chocolat. Verser la crème sur le dessus
 et cuire 30 min au four, à découvert, à 180 °C
 (350 °F). Laisser tiédir avant de servir.

111

Gâteau au yogourt

8 à 10 PORTIONS

500 g (2 tasses) de purée de citrouille
ou de courge au choix

3 c. à soupe de marmelade d'oranges
ou de confiture d'abricots

200 g (1 tasse) d'ananas, en morceaux
(avec le jus)

250 g (1 tasse) de yogourt aux pêches

520 g (3 ¼ tasses) de farine

1 c. à soupe de levure chimique (poudre
à lever)

2 c. à café (2 c. à thé) de bicarbonate
de soude

115 g (½ tasse) de beurre mou

70 g (⅔ tasse) de sucre

2 gros œufs

1 c. à café (1 c. à thé) de vanille

Sucre glace

- Dans un bol, mélanger la purée de citrouille, la marmelade, l'ananas et le yogourt. Réserver.

- Mélanger la farine, la levure chimique et le bicarbonate de soude. Réserver.

- Dans un autre bol, battre le beurre en crème avec le sucre. Ajouter les œufs et la vanille et mélanger encore quelques minutes. En procédant par petites quantités, verser le liquide en alternance avec la farine dans le mélange d'œufs. Bien battre entre chaque ajout pour que le tout soit homogène. Verser la préparation dans un moule à cheminée beurré et fariné. Cuire au four de 45 à 55 min à 180 °C (350 °F), jusqu'à ce qu'un cure-dent enfoncé au centre ressorte propre. Laisser refroidir avant de démouler et saupoudrer de sucre glace au goût.

Gâteau au fromage, au potimarron et à l'orange

Comme il est à son meilleur une fois bien refroidi, il est recommandé de préparer ce gâteau une journée à l'avance. Il se conserve quelques jours au réfrigérateur et il peut aussi être congelé.

8 À 10 PORTIONS

210 g (1 ½ tasse) de chapelure de biscuits graham

60 ml (¼ tasse) de beurre fondu

500 g (2 tasses) de ricotta légère

360 g (1 ½ tasse) de purée de courge au choix

¼ c. à café (¼ c. à thé) de gingembre moulu

3 c. à soupe de concentré de jus d'orange congelé non dilué

60 ml (¼ tasse) de crème épaisse (35 %)

1 c. à café (1 c. à thé) de vanille

1 c. à soupe de zeste d'orange

4 gros œufs

250 ml (1 tasse) de crème sure légère

2 c. à soupe de sucre

1 c. à café (1 c. à thé) de vanille

1 c. à café (1 c. à thé) de jus d'orange

- Verser le beurre fondu dans la chapelure. Étendre dans un moule à fond amovible et cuire au four 8 min à 180 °C (350 °F). Laisser tiédir.

- À l'aide du batteur à main, mélanger la ricotta et la purée de courge. Ajouter le gingembre, le jus d'orange, la crème, la vanille, le zeste et les œufs. Verser sur la croûte tiédie et cuire 1 h au four.

- Dans un bol, mélanger la crème sure, le sucre, la vanille et le jus d'orange. Après 1 h de cuisson du gâteau, étendre cette préparation sur le dessus et cuire 10 min de plus. Laisser refroidir complètement avant de servir.

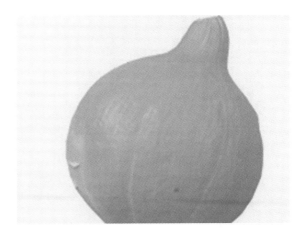

Muffins aux carottes
et à la citrouille

12 GROS MUFFINS

180 g (3 tasses) de flocons d'avoine

160 g (1 tasse) de farine blanche tout
usage

230 g (1 ¼ tasse) de cassonade ou
de sucre roux

1 c. à soupe de levure chimique
(poudre à lever)

1 c. à café (1 c. à thé) de bicarbonate
de soude

¼ c. à café (¼ c. à thé) de muscade moulue

2 œufs

400 g (1 ⅓ tasse) de purée de citrouille

60 ml (¼ tasse) d'huile végétale

125 ml (½ tasse) de lait

1 c. à café (1 c. à thé) de vanille

½ c. à café (½ c. à thé) de gingembre frais,
râpé

270 g (3 tasses) de carottes, râpées

• Dans un bol, mélanger les flocons d'avoine, la farine, la cassonade, la levure, le bicarbonate et la muscade. Réserver.

• Dans un autre bol, battre les œufs, la purée de citrouille, l'huile, le lait, la vanille et le
gingembre. Ajouter les carottes et les ingrédients secs et remuer pour obtenir une pâte
homogène. Verser dans des moules à muffins beurrés et cuire au four de 25 à 30 min à
180 °C (350 °F). Laisser refroidir avant de démouler.

Petites quenelles à l'érable

Pour varier, on peut remplacer le beurre et le sirop par quantité égale
de confiture au choix et de crème épaisse (35 %). On peut aussi ajouter des bleuets surgelés
avec un peu de sucre ou des petits morceaux de pomme, de la cassonade
et de la cannelle. Servir avec la crème glacée.

4 PORTIONS

4 petites courges sweet dumpling (ou des petites citrouilles ou des petites courges poivrées)
8 c. à soupe de beurre fondu
125 ml (½ tasse) de sirop d'érable ou de miel
Crème glacée à la vanille ou à l'érable

• Décalotter les courges au tiers du côté du pédoncule avant de les évider. Remplir la cavité avec 2 c. à soupe de beurre mélangé avec la même quantité de sirop. Procéder ainsi pour chacune des courges. Déposer sur une plaque à pâtisserie et cuire au four à 190 °C (375 °F) environ 1 h, jusqu'à ce qu'elles soient tendres. Servir les courges chaudes ou tièdes avec une boule de crème glacée à l'intérieur.

Pralin de graines de citrouille

Cassé en morceaux, le pralin se mange comme des bonbons. Vous pouvez aussi le verser
à la cuillère sur une plaque à pâtisserie graissée et ajouter des bâtonnets pour faire
des sucettes. Émietté, il sert à garnir la crème glacée, le yogourt, le gâteau au fromage
ou d'autres desserts au choix. La recette peut être doublée.

ENVIRON 170 G (1 TASSE)

150 g (¾ tasse) de sucre
85 ml (⅓ tasse) d'eau
¼ c. à café (¼ c. à thé) de cannelle moulue
Une pincée de cardamome moulue
50 g (¼ tasse) de graines de citrouille, décortiquées

• Mettre le sucre, l'eau et les épices dans une casserole. Porter à ébullition et laisser mijoter de 8 à 10 min. Ajouter les graines de citrouille, remuer et renverser sur une plaque à pâtisserie graissée ou couverte d'un papier parchemin. Laisser refroidir à température ambiante. Lorsque le pralin a durci et refroidi, le casser à la main ou l'émietter à l'aide du robot de cuisine.

Pouding au pain citronné

6 PORTIONS

3 gros œufs
500 g (2 tasses) de purée de courge
Le jus et le zeste d'un citron
2 c. à soupe de confitures d'abricots
½ c. à café (½ c. à thé) de vanille
40 g (¼ tasse) de graines de pavot

100 g (½ tasse) de sucre
250 ml (1 tasse) de lait
4 tranches de pain aux raisins, grillées
  et coupées en morceaux
2 c. à soupe d'amandes tranchées
Sucre glace ou sirop pour garnir

- Dans un bol, battre les œufs pour les rendre mousseux. Ajouter les autres ingrédients, sauf le pain, sans cesser de battre. Beurrer un moule carré allant au four et y déposer les morceaux de pain. Verser la préparation sur le dessus et couvrir avec les amandes. Laisser reposer à température ambiante environ 10 min. Cuire au four de 50 à 60 min à 180 °C (350 °F). Servir le pouding chaud ou tiède. Saupoudrer de sucre glace ou arroser d'un filet de sirop.

Pouding streusel

*Le pouding streusel peut servir d'accompagnement à la dinde de Noël
ou être présenté comme dessert avec de la crème glacée,
du yogourt ou un peu de sirop d'érable.*

4 À 6 PORTIONS

STREUSEL

200 g (1 ¼ tasse) de farine

60 g (½ tasse) de noix de Grenoble
ou de pacanes

100 g (½ tasse) de cassonade ou de sucre
roux

¼ c. à café (¼ c. à thé) de cardamome
moulue

¼ c. à café (¼ c. à thé) de cannelle moulue

4 c. à soupe de beurre ou de margarine

POUDING

400 g (2 tasses) de courge au choix, cuite

60 ml (¼ tasse) de lait

1 c. à café (1 c. à thé) de vanille

2 œufs

STREUSEL

• Réduire la farine, les noix, la cassonade et les
épices en fine poudre dans le robot de cuisine.
Ajouter le beurre et mélanger encore pour obtenir une texture sablonneuse humide. Transvider
dans un bol, prélever 100 g (1 tasse) du mélange
et réserver.

POUDING

• Mettre les courges, le lait, la vanille, les œufs et
la portion de steusel prélevée dans le robot de
cuisine et réduire en purée. Verser le pouding
dans un plat huilé allant au four et couvrir avec
le mélange de streusel. Cuire au four à 180 °C
(350 °F), à découvert, environ 35 min, jusqu'à
ce que le dessus soit bien doré. Laisser tiédir
avant de servir.

Scones au fromage et à la citrouille

Les scones peuvent être préparés d'avance et congelés avant cuisson.
Les laisser décongeler au réfrigérateur avant de les mettre au four. Les scones cuits
peuvent être congelés, mais il est préférable de les consommer le jour même.

36 SCONES

480 g (3 tasses) de farine
2 c. à soupe de levure chimique
   (poudre à lever)
1 c. à café (1 c. à thé) de bicarbonate de
   soude
190 g (¾ tasse) de fromage à la crème
60 g (¼ tasse) de beurre ou de margarine
100 g (½ tasse) de sucre
500 g (2 tasses) de purée de citrouille
180 g (1 tasse) de raisins secs
125 ml (½ tasse) de lait
Une pincée de cannelle moulue
Farine supplémentaire au besoin

- Dans un bol, mélanger la farine, la levure chimique et le bicarbonate de soude. Incorporer le fromage et le beurre en travaillant avec les mains pour obtenir une pâte grumeleuse. Faire un puits au centre et y déposer le reste des ingrédients. Mélanger à l'aide d'une cuillère de bois.

- Renverser la pâte sur une surface farinée. Aplatir avec les mains pour obtenir une épaisseur d'environ 1,5 cm (½ po) en ajoutant un peu de farine au besoin pour empêcher la pâte de coller. Découper à l'emporte-pièce. Si les boules demeurent collantes, les passer légèrement dans la farine et enlever l'excédent en les secouant.

- Déposer les boules sur une plaque à pâtisserie couverte de papier parchemin. Cuire au four de 12 à 15 min à 180 °C (350 °F). Servir les scones chauds avec du beurre ou de la confiture.

Scones à l'orange

ENVIRON 24 SCONES

320 g (2 tasses) de farine

1 c. à soupe de levure chimique
(poudre à lever)

1 c. à café (1 c. à thé) de bicarbonate de
soude

½ c. à café (½ c. à thé) de cardamome
moulue

½ c. à café (½ c. à thé) de gingembre
moulu

Le zeste d'une orange

115 g (½ tasse) de beurre ou de margarine

240 g (1 tasse) de purée de citrouille

60 ml (¼ tasse) de jus d'orange

60 ml (¼ tasse) de lait

- Dans un bol, mélanger la farine, la levure chimique et le bicarbonate de soude. Ajouter les épices, le zeste d'orange et le beurre. Travailler la pâte avec les mains pour obtenir une pâte grumeleuse. Faire un puits au centre et ajouter la purée de citrouille, le jus d'orange et le lait. Mélanger à l'aide d'une cuillère de bois.

- Renverser la pâte sur une surface farinée. Aplatir avec les mains pour obtenir une épaisseur d'environ 1,5 cm (½ po) en ajoutant un peu de farine au besoin pour empêcher la pâte de coller. Découper en triangles à l'aide d'un couteau.

- À l'aide d'une spatule, déposer les scones sur une plaque à pâtisserie couverte de papier parchemin. Cuire au four de 12 à 15 min à 180 °C (350 °F). Servir les scones chauds avec du beurre ou de la confiture.

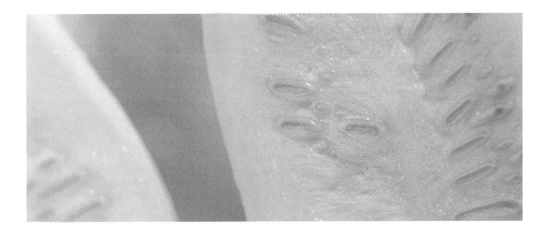

Tarte à la citrouille et aux pacanes

1 ABAISSE

CROÛTE
50 g (⅓ tasse) de pacanes pulvérisées
280 g (1 ¾ tasse) de farine
1 c. à café (1 c. à thé) de zeste d'orange
75 g (⅓ tasse) de beurre ou de margarine
105 ml (¼ tasse + 3 c. à soupe) d'eau
   froide
1 jaune d'œuf

GARNITURE
3 petits œufs
1 c. à café (1 c. à thé) de vanille
360 g (1 ½ tasse) de purée
   de citrouille
125 ml (½ tasse) de miel
60 g (⅓ tasse) de cassonade ou
   de sucre roux
30 g (¼ tasse) de pacanes pulvérisées
Quelques moitiés de pacanes
½ c. à café (½ c. à thé) de cardamome
   moulue
½ c. à café (½ c. à thé) de cannelle moulue
¼ c. à café (¼ c. à thé) de gingembre
   moulu
¼ c. à café (¼ c. à thé) de muscade moulue
½ c. à café (½ c. à thé) de zeste d'orange

CROÛTE
- Dans un bol, mélanger les pacanes, la farine et le zeste d'orange. Ajouter le beurre et travailler la pâte avec les doigts pour obtenir une texture granuleuse. Mélanger l'eau avec le jaune d'œuf et l'incorporer à la pâte pour faire une boule. Envelopper la boule dans du papier ciré (sulfurisé) et la déposer 5 min au congélateur.

- Étendre la pâte dans un moule à tarte en la travaillant avec les mains. Précuire la pâte au four 9 min à 180 °C (350 °F).

GARNITURE
- Dans un bol, battre les œufs et la vanille jusqu'à ce qu'ils soient mousseux. Incorporer le reste des ingrédients et verser dans l'abaisse. Décorer le centre de la tarte avec les pacanes et cuire au four 50 min à 180 °C (350 °F). Laisser refroidir complètement avant de découper.

Tarte meringuée
Voir la recette de la Crème à la courge et aux fruits, p. 109.

Tiramisu à la citrouille

Plus léger que le tiramisu traditionnel, le tiramisu à la citrouille se sert comme un gâteau à la crème glacée.

6 À 8 PORTIONS

250 g (8 oz) de mascarpone ou de
  fromage à la crème
200 g (1 tasse) de sucre, divisé
1 c. à café (1 c. à thé) de vanille
1 c. à café (1 c. à thé) de muscade moulue
500 g (2 tasses) de purée de citrouille
8 blancs d'œufs
150 g (5 oz) de biscuits doigts de
  dame géants (biscuits à la cuiller)
125 ml (½ tasse) de café
2 carrés de 30 g (1 oz) chacun
  de chocolat mi-sucré, râpés
45 g (½ tasse) de poudre de cacao
  et un peu plus pour décorer

- Dans un bol, battre le fromage avec 120 g (½ tasse) de sucre, la vanille et la muscade. Ajouter la purée de citrouille et réserver.

- Dans un autre bol, battre les blancs d'œufs en neige et incorporer le sucre restant. Ajouter cette meringue à la préparation de fromage et réserver.

- Tapisser un moule à cheminée de pellicule plastique. Tremper 5 ou 6 biscuits dans le café et les répartir au fond du moule, face tournée vers le fond. Saupoudrer du chocolat et du cacao sur le dessus. Couvrir avec la moitié de la préparation au fromage, du chocolat et du cacao. Répéter l'opération avec le reste des biscuits et le mélange au fromage. Couvrir de pellicule plastique et laisser refroidir au congélateur pendant quelques heures. Démouler et décorer avec du cacao et des copeaux de chocolat. Laisser reposer 15 min à température ambiante avant de servir.

T

Pour joindre l'auteur ou lui faire part de vos commentaires :

manonstamand@hotmail.com